Sabine Ratz
Beatrix Haupt-Jennert

Kunst an Stationen

Handlungsorientierte Materialien zu den Kernthemen der
Klassen 1 und 2

Auer Verlag GmbH

Die Herausgeber:

Marco Bettner — Rektor als Ausbildungsleiter, Haupt- und Realschullehrer, Referent in der Lehrerfort- und Lehrerweiterbildung, zahlreiche Veröffentlichungen als Autor und Herausgeber

Dr. Erik Dinges — Rektor einer Förderschule für Lernhilfe, Referent in der Lehrerfort- und Lehrerweiterbildung, zahlreiche Veröffentlichungen als Autor und Herausgeber

Die Autorinnen:

Sabine Ratz — Grundschullehrerin und Autorin

Beatrix Haupt-Jennert — Grundschullehrerin und Autorin

Gedruckt auf umweltbewusst gefertigtem, chlorfrei gebleichtem und alterungsbeständigem Papier.

2. Auflage 2009
Nach den seit 2006 amtlich gültigen Regelungen der Rechtschreibung
© by Auer Verlag GmbH, Donauwörth
Alle Rechte vorbehalten
Das Werk und seine Teile sind urheberrechtlich geschützt. Jede Nutzung in anderen als den gesetzlich zugelassenen Fällen bedarf der vorherigen schriftlichen Einwilligung des Verlages. Hinweis zu § 52a UrhG: Weder das Werk noch seine Teile dürfen ohne eine solche Einwilligung eingescannt und in ein Netzwerk eingestellt werden. Dies gilt auch für Intranets von Schulen und sonstigen Bildungseinrichtungen.
Titelbild: Corina Beurenmeister
Illustrationen im Innenteil: Bettina Weyland
Satz: Fotosatz H. Buck, Kumhausen
Druck und Bindung: Kessler Druck + Medien GmbH, Bobingen
ISBN 978-3-403-06151-9

www.auer-verlag.de

Inhalt

Vorwort 4
Einführung 5

Der Zufall als Helfer

Lehrerinformation 6
Materialaufstellung 7

Station 1: Murmel-Bild 9
Station 2: Décalcomanie 10
Station 3: Fadenbild 11
Station 4: Was erkennst du? 12
Station 5: Pustebild 13
Station 6: Punktebild 14
Station 7: Nass-in-Nass-Malerei 15
Station 8: Der Maler Max Ernst (2. Klasse) . 16

Zauberhafte Blumen

Lehrerinformation 17
Materialaufstellung 17

Station 1: Experimentieren mit Klebstoff und Tinte 19
Station 2: Frottage oder „Rubbeltechnik" .. 20
Station 3: Blumen-Kratzbilder 21
Station 4: Wachsradieren 22
Station 5: Gewürzbilder 23
Station 6: Briefbeschwerer 24
Station 7: Blumentopfstecker 25
Station 8: Anstecknadel 27

Yves Klein und die Farbe Blau

Lehrerinformation 29
Materialaufstellung 29

Station 1: Ich erfinde mein eigenes Blau ... 32
Station 2: Blaue Kratzbilder 33
Station 3: Viele Felder – viel Blau 34
Station 4: Wir kleben Schwämme auf ... 35
Station 5: Collage 36
Station 6: Blaue Elfchen (ab Ende 1. Klasse) 37
Station 7: Der Maler Yves Klein (2. Klasse) 39

Schneckenschöne Kunstwerke

Lehrerinformation 40
Materialaufstellung 40

Station 1: Schneckenhauscollage 42
Station 2: Hundertwasser-Bild 43
Station 3: Der Maler Hundertwasser 44
Station 4: Schneckenschöne Wortkunst ... 45
Station 5: Natur-Mandala 47
Station 6: Schnecke aus Strukturpaste ... 48
Station 7: Papierschnecke 49
Station 8: Mandala stempeln 51

Erfahrungen mit verschiedenen Drucktechniken

Lehrerinformation 52
Materialaufstellung 53

Station 1: Wir drucken mit allem, was wir haben! 55
Station 2: Ein Himmel voller Vögel – Kartoffeldruck 56
Station 3: Luftballons fliegen – Fingerdruck 57
Station 4: Blumenwiese – Moosgummi-stempeldruck 58
Station 5: Eine Stadt entsteht – Pappkantendruck 59

Kreative Zahlenplakate für die Zahlen von 1 bis 10

Lehrerinformation 60
Materialaufstellung 60

Station 1: Die Zahl 1 62
Station 2: Die Zahl 2 – Sockenpaare 63
Station 3: Die Zahl 3 – Mein Hut, der hat drei Ecken 65
Station 4: Die Zahl 4 – ein Kleeblatt falten . 66
Station 5: Die Zahl 5 – Handabdrücke 67
Station 6: Die Zahl 6 – Fadenzahlen 68
Station 7: Die Zahl 7 – Sandzahlen 69
Station 8: Die Zahl 8 – liegende Acht 70
Station 9: Die Zahl 9 – Schlangenzahlen .. 71
Station 10: Die Zahl 10 – Zehn kleine Zappelfinger 73

Anhang

Laufzettel 75
Abbildungen 76

Vorwort

Bei den vorliegenden Stationsarbeiten handelt es sich um eine Arbeitsform, bei der unterschiedliche Lernvoraussetzungen, unterschiedliche Zugänge und Betrachtungsweisen und unterschiedliche Lern- und Arbeitstempi der Schülerinnen und Schüler Berücksichtigung finden. Die Grundidee ist, den Schülerinnen und Schülern Arbeitsstationen anzubieten, an denen sie gleichzeitig selbstständig arbeiten können. Die Reihenfolge des Bearbeitens der einzelnen Stationen ist dabei ebenso frei wählbar wie das Arbeitstempo und meist auch die Sozialform.

Als dominierende Unterrichtsprinzipien sind bei allen Stationen die Schülerorientierung und Handlungsorientierung aufzuführen. Schülerorientierung meint, dass der Lehrer in den Hintergrund tritt und nicht mehr im Mittelpunkt der Interaktion steht. Er wird zum Beobachter, Berater und Moderator. Seine Aufgabe ist nicht das Strukturieren und Darbieten des Lerngegenstandes in kleinsten Schritten, sondern durch die vorbereiteten Stationen eine Lernatmosphäre zu schaffen, in der Schülerinnen und Schüler sich Unterrichtsinhalte eigenständig erarbeiten bzw. Lerninhalte festigen und vertiefen können. Handlungsorientierung meint, dass das angebotene Material und die Arbeitsaufträge für sich selbst sprechen. Der Unterrichtsgegenstand und die zu gewinnenden Erkenntnisse werden nicht durch den Lehrer dargeboten, sondern durch die Auseinandersetzung mit dem Material und die eigene Tätigkeit erarbeitet und begriffen.

Ziel der Veröffentlichung ist, wie bereits oben angesprochen, das Anknüpfen an unterschiedliche Lernvoraussetzungen der Schülerinnen und Schüler. Jeder einzelne Schüler erhält seinen eigenen Zugang zum inhaltlichen Lernstoff. Die einzelnen Stationen ermöglichen das Lernen mit allen Sinnen bzw. nach den verschiedenen Eingangskanälen. Dabei werden sowohl visuelle (sehorientierte) und haptische (fühlorientierte) als auch intellektuelle Lerntypen angesprochen.

Viel Freude und Erfolg mit dem vorliegenden Band wünschen Ihnen
die Herausgeber

Marco Bettner   *Dr. Erik Dinges*

Einführung

Das vorliegende Heft zum Kunstunterricht bietet Ihnen eine Sammlung von Kreativ-Stationen, die zum Teil auch für den fächerübergreifenden Unterricht geeignet sind. Sie sind nicht so gedacht, dass jeweils alle Stationen zu einem Themenkreis gleichzeitig bearbeitet werden müssen. Am besten wählen Sie mehrere Stationen aus, die Ihnen besonders zusagen. Eine Nummerierung der Stationen kann dann selbst vorgenommen werden. Es lässt sich auch wunderbar eine Station als kreative Arbeit im Wochenplan integrieren.
Die Bearbeitung der einzelnen Aufgabenstellungen ist natürlich auch in frontaler Arbeitsweise möglich. Es ist jedoch durchaus ein Vorteil, Stationen für die Aufgaben einzurichten. Wie in anderen Fächern bietet die Stationsarbeit auch im Kunstunterricht den Vorteil, dass das Problem des individuell verschiedenen Arbeitstempos aufgefangen wird. Häufig hat man im Fach Kunst das Problem, dass genau durch den vorangehend genannten Aspekt Unruhe entsteht und eine sinnvolle Differenzierung fehlt. Durch die Festlegung von Pflicht- und Zusatzaufgaben ist jedoch auch im Fach Kunst ein differenzierendes Arbeiten möglich. Ein weiterer nicht zu unterschätzender Vorteil ist, dass man die Materialien bei dieser Organisationsform nicht in Klassenstärke benötigt.

Wenn Sie die Kunst-Stationen in einen fächerübergreifenden Arbeitsplan integrieren, sparen Sie eine Menge Zeit, die sonst für den Auf- und Abbau verloren ginge. Im Frontalunterricht benötigt man sehr viel Zeit, bis jedes Kind seinen Platz hergerichtet, die Aufgabe bearbeitet und anschließend wieder aufgeräumt hat. Bei der Einrichtung einer Kreativ-Station arbeiten die Schüler sehr viel effektiver. Es gibt darüber hinaus weniger Unordnung und die Lehrkraft kann gegebenenfalls leichter Hilfestellung geben. Durch diese Organisationsform traut man sich auch schon mit Klasse 1 und 2 an die Anfertigung aufwendiger Arbeiten heran, deren Ergebnisse sehr effektvoll sind.

Die Aufgaben dieses Heftes sind für die Klassen 1 und 2 konzipiert. Sind einzelne Stationen nur für eine bestimmte Klassenstufe geeignet, ist dies hervorgehoben. Hierzu gehört das Kapitel „Kreative Zahlenplakate für die Zahlen von 1 bis 10". Etliche Arbeiten sind durchaus auch für ältere Schüler geeignet. Eine Entscheidung über den Einsatz des Materials kann die Lehrkraft individuell in Bezug auf die jeweilige Lerngruppe treffen.

Die Lehreranweisungen informieren über das benötigte Material und geben Tipps für die Umsetzung. Die benötigten Materialien sind in der Regel sehr leicht zu beschaffen und kostengünstig. Jede Station ist mit kleinschrittigen Arbeitsanweisungen versehen. Sie sollen die Kinder zum selbstständigen Arbeiten anhalten. Es ist immer das genaue Lesen und Umsetzen erforderlich. Die Bebilderung der Arbeitsschritte ist besonders für die erste Klasse hilfreich. Natürlich ist eine einführende Erläuterung durch die Lehrkraft gegebenenfalls sinnvoll. Zahlreiche Beispiele für mögliche Endprodukte der jeweiligen Stationen sind im Anhang mit der entsprechenden Abbildungsnummer dargestellt.
Das Unterrichtsmaterial ist so aufbereitet, dass auch von fachfremd arbeitenden Kolleginnen und Kollegen ein leicht umzusetzender und für die Kinder motivierender Kunstunterricht möglich ist.
In vier der sechs Kapitel werden Überleitungen zu bekannten Künstlern und den von ihnen verwendeten Techniken gemacht. Die Schüler erhalten eine Information über den Künstler und sollen zudem in den Stationen Erfahrungen mit wichtigen Techniken nach Max Ernst, Hundertwasser oder Yves Klein sammeln.

Tipp 1: Die Arbeit wird sehr erleichtert, wenn man seine Klasse von Beginn an dazu erzieht, immer Unterlagen zu verwenden, Malkittel anzuziehen und alle Blätter vor Beginn der Arbeit mit dem Namen zu beschriften.

Tipp 2: Die Arbeitsergebnisse kommen besonders gut zur Geltung, wenn sie auf buntes Tonpapier aufgeklebt werden.

Tipp 3: Viele „Kunstwerke" eignen sich auch sehr gut als Geschenke zum Muttertag, zu Weihnachten oder zu ähnlichen Anlässen.

„Kunstvolle" Unterrichtsstunden wünschen Ihnen
die Autorinnen

Sabine Ratz *Beatrix Haupt-Jennert*

Der Zufall als Helfer

Lehrerinformation

Als Zufallsverfahren beschreibt man gestalterische Verfahrensweisen, in denen durch den Zufall erzeugte Farbspuren assoziativ ausgedeutet und im Sinne dieser Assoziation gestaltet werden. Es ist wichtig, die entstandenen Zufallsspuren zu deuten, sich mit ihnen fantasievoll auseinanderzusetzen, sonst bleibt der Zufall nur ein reiner Zufall.

An manchen Stationen gestalten die Kinder ihr Zufallsergebnis nicht weiter aus, sie sollen sich jedoch immer einen Namen für ihr Werk ausdenken und sich so mit ihrem Bild auseinandersetzen, um es persönlich zu beleben.

Die kunstpädagogische Literatur lässt keinen Zweifel daran, dass die Anwendung von Zufallsverfahren im Kunstunterricht zur Kreativitätsförderung für alle Altersstufen in höchstem Maße geeignet ist. Auch unsere praktischen Erfahrungen lassen keine negativen Rückschlüsse zu.

Zufallsverfahren bieten die Möglichkeit, die Kreativität und damit auch die Fantasie zu fördern. Es handelt sich um einfach durchzuführende Verfahren, die nicht unbedingt das Anschaffen von teurem Material oder Werkzeug fordern.

Ein „Richtig" und „Falsch" gibt es in diesen Techniken nicht. Zwar gibt es festgelegte Verfahrensweisen, doch lassen diese immer genügend Freiraum zum eigenständigen Experimentieren.

Sehr wichtig ist, dass man den Kindern keinerlei Vorschriften macht, der Fantasie keine Grenzen setzt. Was die Kinder selbst als richtig und schön empfinden, zählt. Eine Manipulation von außen sollte, wenn überhaupt, nur in geringem Maße stattfinden.

So zielen Zufallsverfahren darauf ab, dass alle Kinder zu positiven Erfolgen gelangen und so ihren persönlichen Zugang zur Kunst finden.

Als Künstlervertreter für dieses Verfahren wurde Max Ernst ausgewählt. Er bediente sich selbst häufig des Zufallsverfahrens in seinen Werken. Sein Bild „Faszinierende Zypresse" (siehe auch Anhang Abb. 1) eignet sich auf OHP-Folie hervorragend als Einstieg in das Thema und als Gesprächsanlass innerhalb der Klassengemeinschaft.

Max Ernst, „Faszinierende Zypresse", 1940
© VG Bild-Kunst, Bonn 2009

Materialaufstellung

Station 1: Murmel-Bild (Abb. 2)
- Schuhkartons mit Deckel
- weißes Papier (in Größe der Schuhkartons)
- Murmeln in ausreichender Anzahl
- Schulmalfarben
- Pinsel
- Wasserbecher
- Bleistifte

Anstelle der Murmeln können auch andere Kugeln/Bälle (Tischtennisbälle, Holzkugeln, Tennisbälle …) verwendet werden.

Station 2: Décalcomanie (Abklatschtechnik) (Abb. 3)
- Zeitungspapier als Unterlage
- weißes Papier, Größe DIN A4
- Klarsichtfolien, Größe DIN A4 oder größer (möglichst stabil)
- Wasserfarben
- Pinsel
- Wasserbecher
- Buntstifte
- Bleistifte

Je stabiler die Klarsichtfolien sind, desto einfacher ist die Handhabung. Nach Gebrauch können sie bequem abgewaschen und wiederverwendet werden. Es kann aber auch jede andere glatte und wenig saugfähige Unterlage (Plexiglasplatte, Tischplatte …) verwendet werden.

Station 3: Fadenbild (Abb. 4)
- Zeitungspapier als Unterlage
- weißes Papier, beliebige Größe (pro Kind werden 2 Blätter benötigt)
- Wollfäden
- Schulmalfarben
- Pinsel
- Wasserbecher
- Bücher, Größe sollte der Papiergröße entsprechen oder größer sein
- Bleistifte

Bei der Wahl des Wollfadens ist darauf zu achten, dass die Wolle nicht zu dünn, weich und fasrig ist.

Station 4: Was erkennst du?
- das Arbeitsblatt in ausreichender Anzahl kopieren
- Buntstifte

Station 5: Pustebild (Abb. 5)
- Zeitungspapier als Unterlage
- weißes Papier, beliebige Größe
- Strohhalme
- Wasserfarben
- Pinsel
- Wasserbecher
- Bleistifte

Beim Kauf der Strohhalme ist darauf zu achten, dass nicht die ganz dünnen Halme gewählt werden, da sie das Pusten stark erschweren. Die Wirkung des Pustens wird verstärkt, wenn man die Halme kürzt oder halbiert.

Station 6: Punktebild (Abb. 6)
- Zeitungspapier als Unterlage
- weißes Papier, beliebige Größe
- Schraubenmuttern in ausreichender Anzahl (7 Stück pro arbeitendes Kind)
- Bleistifte
- Wasserfarben
- Pinsel
- Wasserbecher

Station 7: Nass-in-Nass-Malerei (Abb. 7)
- Zeitungspapier als Unterlage
- weißes Papier, beliebige Größe
- buntes Papier
- Pappkarton, Größe sollte der Papiergröße entsprechen oder größer sein
- Wasserbecher
- Pinsel
- Farbkasten
- Bleistifte

Als Pappkarton-Unterlage bietet sich die Rückwand eines Zeichenblockes an, bei kleineren Papierformaten können auch z. B. Ordnerabtrennblätter aus Plastik verwendet werden.

Station 8: Der Maler Max Ernst
- das Arbeitsblatt in ausreichender Anzahl kopieren
- Bleistifte

Diese Station eignet sich erst zum Einsatz in Klasse 2!

Station 1 — Murmel-Bild

So wird's gemacht:

① Nimm dir einen Schuhkarton und lege ein weißes Blatt Papier hinein.

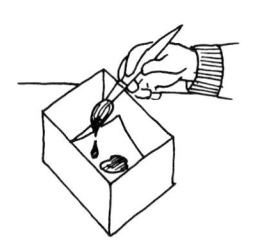

② Träufle mit einem Pinsel ein wenig Farbe auf das Blatt im Karton.

③ Lege 5 Murmeln in den Karton und verschließe ihn mit seinem Deckel.

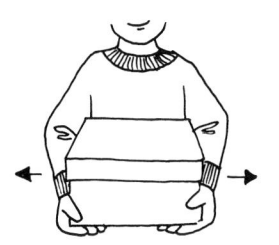

④ Halte den Karton so, dass der Deckel nicht aufgehen kann. Bewege den Karton von rechts nach links, sodass die Murmeln im Karton umherrollen.

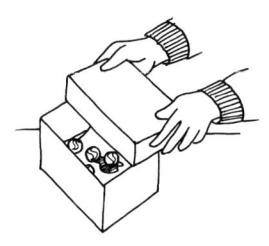

⑤ Stelle den Karton auf den Tisch und schaue hinein.
→ Gefällt dir dein Bild, dann lege es zum Trocknen.
→ Möchtest du dein Bild noch etwas verändern, wiederhole den Vorgang. (Du kannst den Vorgang beliebig oft wiederholen.)

⑥ Überlege dir einen Namen für dein Bild und schreibe ihn, wenn das Bild getrocknet ist, mit Bleistift auf die Rückseite.

Station 2: Décalcomanie

So wird's gemacht:

(1) Nimm dir eine Folie und färbe sie mit einem Pinsel und Wasserfarbe ein.

→ Achte darauf, dass du viel Wasser verwendest, sonst trocknet die Farbe zu schnell!

(2) Lege ein weißes Blatt Papier auf die bemalte Folie und drücke es fest an.

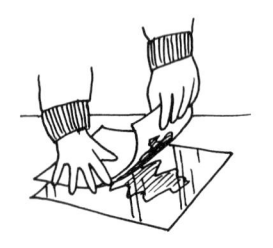

(3) Ziehe jetzt das Blatt vorsichtig wieder ab und lege es zum Trocknen.

(4) Ist dein Bild getrocknet, schau es dir genau an. Was siehst du?

(5) Nimm dir einen Buntstift, der zu deinen Farben auf dem Bild passt. Versuche, die Sachen, die du siehst, möglichst genau zu umranden.

(6) Überlege dir einen Namen für dein Bild und schreibe ihn mit Bleistift auf die Rückseite.

Station 3 — Fadenbild

So wird's gemacht:

1. Nimm dir einen Faden.

2. Lege deinen Faden auf Zeitungspapier und male ihn von allen Seiten mit Farbe an.

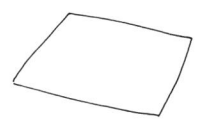

3. Nimm dir ein weißes Blatt Papier und lege deinen Faden so, wie du möchtest, darauf.
   → **Achtung:** Der Faden muss an einer Seite über das Blatt hinaushängen!

4. Lege ein anderes weißes Blatt darüber.
   → Dein Faden befindet sich jetzt zwischen den beiden weißen Blättern und schaut an einer Stelle heraus.

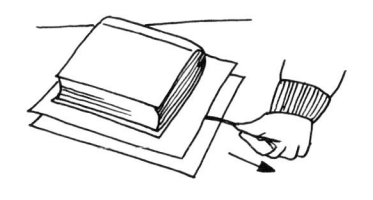

5. Lege ein Buch auf die Blätter und ziehe dann den Faden an dem Ende, das herausschaut, heraus.

6. Lege das Buch zur Seite und ziehe die Blätter auseinander.

7. Überlege dir einen Namen für dein Bild und schreibe ihn, wenn das Bild getrocknet ist, mit Bleistift auf die Rückseite.

Station 4 — Was erkennst du?

So wird's gemacht:

1. Schaue dir das Bild genau an.
2. Nimm dir einen farbigen Stift und umrande die Dinge, die du siehst, möglichst genau. Du darfst das Bild auch drehen.
3. Überlege dir einen Namen für das Bild und schreibe ihn auf.

Oscar Dominguez, „Ohne Titel", 1936 (Décalcomanie auf Papier)
© VG Bild-Kunst, Bonn 2009

Name des Bildes: _____

Station 5 — Pustebild

So wird's gemacht:

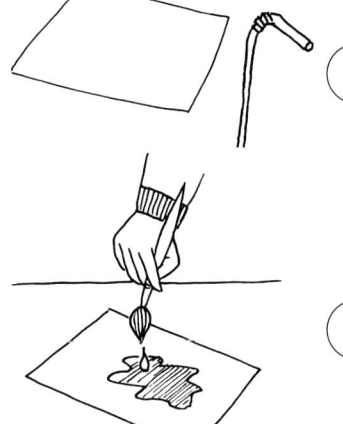

1. Nimm dir ein weißes Blatt Papier und einen Strohhalm.

2. Träufle mit einem Pinsel einen Farbklecks auf das Papier.
   → Achte darauf, dass du viel Wasser verwendest.

3. Nimm deinen Strohhalm und versuche, die Farbe in verschiedene Richtungen zu pusten.

4. Wiederhole den Vorgang, so oft du möchtest.

5. Überlege dir einen Namen für dein Bild und schreibe ihn, wenn das Bild getrocknet ist, mit Bleistift auf die Rückseite.

Station 6 — Punktebild

So wird's gemacht:

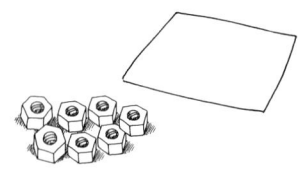

1. Nimm dir ein weißes Blatt Papier und 7 Schraubenmuttern.

2. Lege das Blatt vor dich auf den Tisch und lasse die Muttern aus deiner Hand auf das Blatt fallen.

3. Male durch die Mutternlöcher mit einem Bleistift Punkte auf dein Blatt.

4. Räume die Muttern zur Seite.

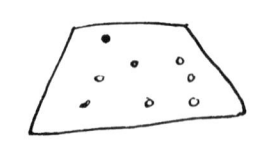

5. Betrachte die entstandenen Punkte und überlege, wie du sie gerne verbinden möchtest.
   → Drehe dein Bild dabei, vielleicht gefällt es dir von einer Seite besonders gut.

6. Verbinde die Punkte mit einem Bleistift so, wie es dir am besten gefällt.

7. Male die Verbindungslinien mit schwarzer Wasserfarbe nach.
   → Hast du ein Tier entdeckt, darfst du ihm auch ein oder zwei Augen malen.

8. Lass die schwarzen Linien trocknen. Dann male die Flächen mit Wasserfarbe in den Farben, wie es dir am besten gefällt, aus.

9. Überlege dir einen Namen für dein Bild und schreibe ihn, wenn das Bild getrocknet ist, mit Bleistift auf die Rückseite.

Station 7 — Nass-in-Nass-Malerei

So wird's gemacht:

1. Nimm dir ein weißes Blatt Papier und eine Zeichenblockpappe.

2. Lege das Blatt auf die Pappe.

3. Überlege dir, was du malen möchtest, und zeichne den Umriss mit Bleistift auf dein Blatt.

4. Male das Innere mit einem Pinsel nur mit Wasser an.

5. Überlege dir jetzt, welche Farben deine Figur haben soll. Tropfe diese Farben mit einem Pinsel in die Mitte deiner Figur.
   → Die Farben verlaufen ineinander und verteilen sich in der Figur.

6. Lass dein Bild auf der Pappe und lege es so zum Trocknen.
   → Achte beim Tragen darauf, dass du das Bild gerade hältst, da sonst die Farbe verläuft.

7. Ist dein Bild trocken, dann schneide deine Figur aus und klebe sie auf ein buntes Blatt Papier.

8. Überlege dir einen Namen für dein Bild und schreibe ihn mit Bleistift auf die Rückseite.

Station 8 — Der Maler Max Ernst

Der deutsche Maler Max Ernst kam am 2. April 1891 in Brühl bei Köln zur Welt. Er wurde als drittes von neun Kindern geboren. Am 1. April 1976 starb er in Paris.
Oft nahm sich Max Ernst beim Malen den Zufall zu Hilfe. In vielen seiner Bilder verwendete er die Décalcomanie (Abklatschtechnik). Dabei wird mit einem Pinsel Farbe auf eine glatte Oberfläche aufgetragen. Ein Bogen Papier wird darübergelegt und fest angedrückt. Dann wird das Papier in der Art eines Abziehbildes wieder abgezogen.
Der Maler Oscar Dominguez hat diese Technik um 1935 erfunden.

Lies den Text und beantworte die folgenden Fragen:

1. Wann wurde Max Ernst geboren? _____

2. Wo starb Max Ernst? _____

3. Wie viele Geschwister hatte er? _____

4. Wen nahm sich Max Ernst oft zu Hilfe? _____

5. Wie nennt man die Abklatschtechnik noch? _____

6. Wer hat die Abklatschtechnik erfunden? _____

Zauberhafte Blumen

Lehrerinformationen

Gerade im Unterricht der Grundschule sind Blumen jedes Jahr wieder aktuell. Sie werden im Sachunterricht ebenso thematisiert wie im Deutschunterricht und natürlich auch im Fach Kunst.
Kinder der Klassen 1 und 2 haben viel Freude daran, das Thema „Blumen" kreativ umzusetzen. An dieser Stelle bieten wir Ihnen eine Auswahl von neuen Ideen zu diesem Bereich. Mit verschiedenen Techniken nähern wir uns den Blumen. Die attraktiven Arbeitsergebnisse sind auch gut als Klassenraumdekoration oder Geschenk geeignet.

Materialaufstellung

Station 1: Experimentieren mit Klebstoff und Tinte (Abb. 8)
- Zeitungspapier als Unterlage
- weißes, festes Papier in DIN A5 oder DIN A6
- Flüssigklebstoff
- Tintenfass
- Pinsel
- eventuell Tonpapier

Die Blumen aus Klebstoff und Tinte eignen sich gut für die Herstellung einer schönen Muttertagskarte oder eines Bildes zum Verschenken. Auf buntem Tonpapier oder -karton aufgeklebt wirkt das Bild noch viel schöner.

Station 2: Frottage oder „Rubbeltechnik" (Abb. 9)
- weißes, dünneres Papier in DIN A3 oder DIN A4
- weiche Bleistifte

Station 3: Blumen-Kratzbilder (Abb. 10)
- weißes, festes Papier in DIN A5 oder DIN A4
- Wachsmalkreide
- Büroklammern

Die Schüler können ihr Papier nach eigenen Vorstellungen einfärben und anschließend schwarz übermalen. Bei dem abgebildeten Beispiel wurde der Hinweis gegeben, in Regenbogenfarben einzufärben. Dadurch entsteht ein schöner Effekt.

Station 4: Wachsradieren (Abb. 11)
- weißes, dickes Papier in DIN A4
- Wachsmalkreide
- Radiergummis

Diese Technik ist immer wieder faszinierend für Schüler, da sie einen Überraschungseffekt hat. Man weiß nie genau, wie die Blume aussehen wird.
Nicht alle Radiergummis funktionieren gleich gut. Am besten eignen sich weiche Radierer.

Station 5: Gewürzbilder (Abb. 12)
- Zeitungspapier als Unterlage
- buntes Papier in DIN A5 oder DIN A4
- dünne Bleistifte
- Flüssigklebstoff
- eine Auswahl an Gewürzen
- Ablagekörbchen

Bei der Auswahl der Gewürze sollte man darauf achten, dass möglichst viele kräftige Farben bereitgestellt werden. Pulvrige Gewürze lassen sich leichter aufkleben als z. B. Pfefferkörner.
Es hat sich als vorteilhaft erwiesen, für jedes Gewürz ein Ablagekörbchen bereitzustellen. Herunterfallende Reste werden so aufgefangen und können weiterverwendet werden.

Station 6: Briefbeschwerer (Abb. 13)
- runde, etwas größere Steine
- Pinsel
- flüssige Schulmalfarben
- kleine Plastiktöpfchen
- Zeitung als Unterlage
- Wasserbecher
- schwarze dicke Filzstifte mit dünner Spitze
- Sprühlack

Das Nachzeichnen der Konturen mit einem schwarzen Filzstift bringt einen tollen Effekt. Die Blumen wirken so viel intensiver. Zum Lackieren empfiehlt sich die Verwendung von Lackspray, da man dadurch eine große Zeitersparnis hat.

Station 7: Blumentopfstecker (Abb. 14)
- das Arbeitsblatt in entsprechender Anzahl auf weißen Karton (160 g/qm) kopieren
- Buntstifte
- lange Schaschlikspieße
- Scheren

Noch schöner wird die gebastelte Blume bei der Verwendung von Tonkarton. Dazu müssten jedoch vorher Schablonen hergestellt werden. Ein dreifacher Satz von Schablonen sollte ausreichen. Natürlich ist die Blume auch in anderen Farbkombinationen attraktiv. Die einmal hergestellten Schablonen können immer wieder eingesetzt werden.

Station 8: Anstecknadel (Abb. 15)
- Bananenpapier
- Schablonen der Blumenvarianten
- Bleistifte
- feine Glitzerstifte
- dickere Gold- und Silberstifte
- Klebestifte
- feine Silhouettenscheren
- dicke Laminierfolien
- Broschennadeln
- Heißklebepistole

Die Broschen sind ein tolles Geschenk zum Muttertag. Das festere Bananenpapier eignet sich für ihre Herstellung am besten. Beim abschließenden Ausschneiden aus der Laminierfolie sieht es besonders gut aus, wenn man einen kleinen Rand von ca. 3 mm überstehen lässt.
Das Ankleben der Broschennadeln mit der Klebepistole sollte die Lehrkraft vornehmen.

Station 1 — Experimentieren mit Klebstoff und Tinte

So wird's gemacht:

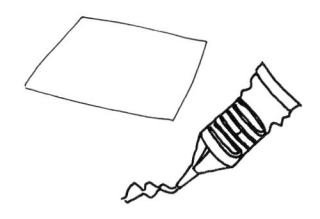

1. Du brauchst eine kleine weiße Pappe und flüssigen Klebstoff.

2. Jetzt malst du mit dem Klebstoff eine wunderschöne große Blume auf die Pappe.

3. Wenn deine Blume getrocknet ist, malst du mit einem Pinsel über das ganze Bild blaue Tinte.

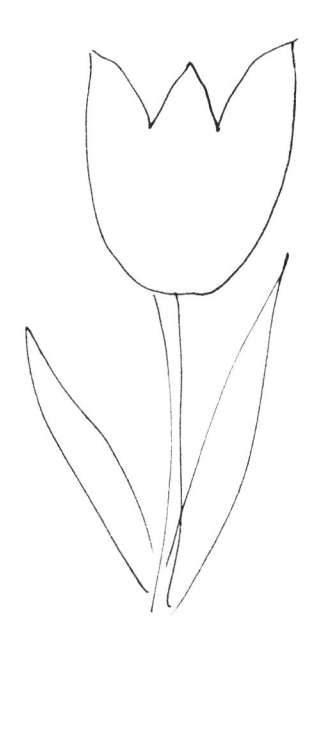

Station 2 — Frottage oder „Rubbeltechnik"

So wird's gemacht:

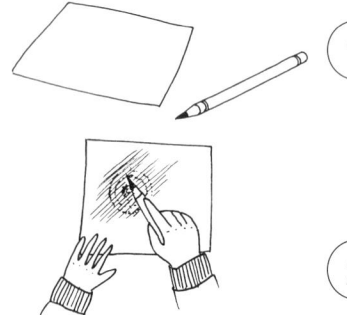

(1) Du brauchst ein weißes Blatt Papier und einen weichen Bleistift.

Suche dir im Klassenzimmer Gegenstände mit einer rauen Oberfläche. Du kannst auch die Wand oder den Fußboden nehmen.

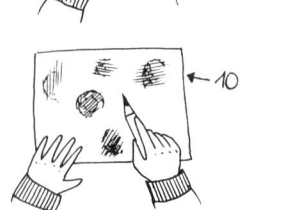

(2) Jetzt hältst du dein Papier auf den Gegenstand, die Wand oder den Fußboden und rubbelst mit deinem Bleistift darüber.
Am besten hältst du den Stift etwas schräg.

(3) Wenn du 10 verschiedene Dinge gerubbelt hast, nimmst du dir ein neues Blatt.

(4) Kannst du eine Blume rubbeln?

Max Ernst, „L'écurie du sphinx", 1925
© VG Bild-Kunst, Bonn 2009

Hier siehst du ein Bild des Malers Max Ernst, der ebenfalls viel mit der Rubbeltechnik gearbeitet hat. Das Fachwort heißt Frottage.
Es ist das französische Wort für „reiben".

Station 3 — Blumen-Kratzbilder

So wird's gemacht:

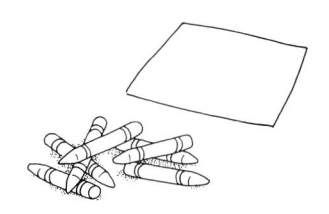

① Du brauchst ein weißes Blatt Papier und bunte Wachsmalstifte.

② Male nun dein Blatt mit vielen bunten Farben komplett an, sodass man das weiße Papier nicht mehr sehen kann.

③ → **Achtung:** Du kannst Streifen in verschiedenen Farben malen oder dein Blatt mit bunten Flecken ausfüllen. Male jetzt über dein ganzes Bild mit der schwarzen Wachsmalkreide.

④ Nimm dir eine Büroklammer oder einen Kratzer und kratze eine oder viele Blumen in dein Bild.
Jetzt kommen die bunten Farben wie durch Zauberei wieder zum Vorschein.

Station 4: Wachsradieren

So wird's gemacht:

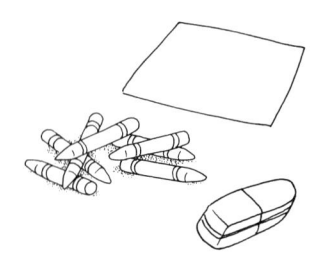

(1) Du brauchst ein weißes Blatt Papier, bunte Wachsmalkreiden und einen weichen Radiergummi.

(2) Male einen bunten Punkt auf dein Blatt und um diesen Punkt einen Kreis in einer anderen Farbe. Jetzt zeichne noch einen dritten Kreis.
→ **Achtung:** Trage die Wachsmalkreide richtig dick auf!

(3) Jetzt drückst du den Radierer auf den Punkt in der Mitte und ziehst kräftig nach außen.

(4) Zaubere viele von diesen wunderschönen Blumen auf dein Blatt.

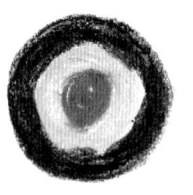

Station 5 — Gewürzbilder

So wird's gemacht:

1. Nimm dir ein buntes Blatt Papier und zeichne eine schöne Blume mit Bleistift vor.

2. Fülle die Blüte vorsichtig dünn mit flüssigem Klebstoff aus.

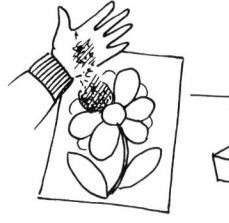

3. Jetzt legst du dein Blatt in das Kästchen mit einem Gewürz und streust viel Gewürz auf den Klebstoff.
Klopfe die restlichen Kräuter wieder in das Kästchen.

4. Nun füllst du einen weiteren Teil der Blume mit Klebstoff aus und klebst wie beim ersten Mal ein anderes Gewürz darauf.

5. Wenn du alles mit Gewürzen beklebt hast, kannst du dein Bild zum Trocknen legen.

Station 6 — Briefbeschwerer

So wird's gemacht:

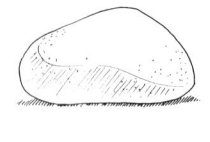

1. Suche dir einen schönen großen und glatten Stein und wasche ihn gut ab.

2. Male mit flüssiger Farbe einen gelben Punkt auf die Mitte des Steines. Du kannst einen Pinsel verwenden oder mit den Fingern drucken.

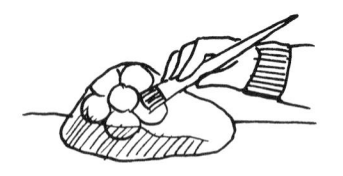

3. In einer anderen Farbe malst du nun schöne leuchtende Blütenblätter um den gelben Punkt.

4. Wenn deine Blume getrocknet ist, zeichnest du mit einem schwarzen dicken Filzstift die Ränder der Formen nach.

5. Jetzt muss deine Lehrerin oder dein Lehrer den Stein nur noch mit Lackspray ansprühen. Dann ist dein Briefbeschwerer fertig.

Station 7 — Blumentopfstecker

So wird's gemacht:

1. Male die Teile für deinen Blumentopfstecker bunt an.

2. Schneide alles ordentlich aus.

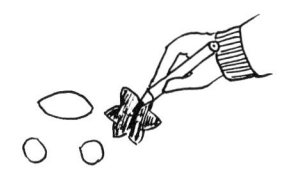

3. Jetzt malst du die Rückseite ebenfalls an.

4. Klebe die Teile der Blüte versetzt zusammen.
   Zwischen die beiden Seiten klebst du einen langen Holzstab.

5. Stecke die grünen Blätter an die Mitte des Stabes.
   Bohre dazu den Stab durch die Punkte auf deinen ausgeschnittenen Blättern.

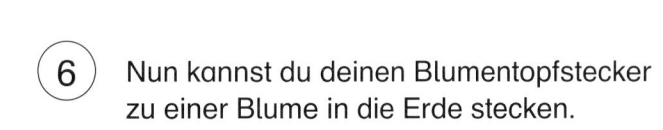

6. Nun kannst du deinen Blumentopfstecker zu einer Blume in die Erde stecken.

Station 7 — Blumentopfstecker

grün

grün

orange

gelb

orange

gelb gelb grün

Station 8 — Anstecknadel

So wird's gemacht:

1. Wähle eine schöne Farbe von dem Bananenpapier und eine Schablone aus.
   Lege die Schablone in eine Ecke des Papiers und zeichne mit einem Bleistift die Umrisse auf.

2. Schneide die Figur mit einer kleinen scharfen Schere ordentlich aus.

3. Du kannst kleine Kreise aus einer anderen Farbe ausschneiden und mit Klebestift aufkleben.

4. Zeichne mit einem Glitzerstift die Ränder nach und verziere deine Figur schön.

5. Nun gib die Brosche deiner Lehrerin oder deinem Lehrer zum Laminieren.

6. Zum Schluss schneidest du die laminierte Figur mit einer kleinen Schere aus. Lasse dabei einen schmalen durchsichtigen Rand überstehen.

Station 8 — Anstecknadel

Yves Klein und die Farbe Blau

Lehrerinformation

Der französische Künstler Yves Klein wurde am 28. April 1928 in Nizza geboren. Seine Eltern waren beide Künstler. Im Alter zwischen 16 und 18 Jahren begann er mit ersten Malversuchen. Besondere Aufmerksamkeit erregte er durch seine monochromen Bilder. Unter „monochrom" versteht man das Malen mit nur einer einzigen Farbe. Um seinen blauen Werken den richtigen Ausdruck zu verleihen, entwickelte er ein spezielles Ultramarinblau. Dieses I.K.B. – International Klein Blue – wird zu seinem patentierten Markenzeichen. Sein kurzes Leben endete am 6. Juni 1962. Er starb an seinem dritten Herzinfarkt.[1]

Bei dieser Stationsarbeit steht die Farbe Blau klar im Vordergrund. Es geht weniger um das differenzierte Gestalten von Motiven, als vielmehr um das Erleben von Farbwirkung. Die Beschränkung auf einen einzigen Farbton ist dabei wichtig, um die Vielfältigkeit dieses Farbtons richtig erfahren zu können.

Um den Kindern einen Zugang zu dem Künstler Yves Klein und der monochromen Malerei zu eröffnen, bietet sich ein Museumsbesuch zu Beginn der Einheit an (z. B. zum Thema „Blau"). Im Städel Museum in Frankfurt am Main hängt z. B. das Bild „Blaues Schwammrelief (Kleine Nachtmusik)" von Yves Klein und in den Foyerbereichen des Musiktheaters in Gelsenkirchen werden permanent überdimensionale Monochrome von ihm ausgestellt.

Ebenfalls bietet sich der Einstieg über eines seiner Kunstwerke – mithilfe einer Bildprojektion – an (Bild „RE 19" auf OHP-Folie kopieren, siehe Abb. 16). Ein großes Format verstärkt die Wirkung!

Zu empfehlende Literatur:
Weitemeier, Hannah: Klein, Taschen Verlag 2001
Berggruen, Olivier/Hollein, Max/Pfeiffer, Ingrid: Yves Klein, Schirn Kunsthalle Frankfurt 2005

Materialaufstellung

Station 1: Ich erfinde mein eigenes Blau (Abb. 17)
- Zeitungspapier als Unterlage
- Bilderrahmen (für Bilder der Größe 10 x 15 cm mit naturbelassenem Holzrahmen → IKEA 3 Stück [RAM] ca. 1,70 €)
- weißes Papier (Größe passend für den Bilderrahmen)
- Plastikförmchen (zum Mischen)
- Borstenpinsel, dicker Haarpinsel
- Bindemittel
- Farbpigmente (zu empfehlen sind Zinkweiß und ca. 3 verschiedene Blautöne, z. B. Schmincke: Ultramarinblau dunkel, Ultramarinblau hell, Phthaloblau)
- kleine Löffel (zur Ausgabe der Pigmente)
- blaue Buntstifte

Als Papier zum Bemalen können sehr gut die in den Bilderrahmen liegenden Pappen verwendet werden → auf die weiß beschichtete Seite malen.

Als Plastikförmchen eignen sich hervorragend die Behältnisse von Streichkäse.

Zum Verrühren der Pigmente mit dem Bindemittel sind Borstenpinsel am besten geeignet, für den gleichmäßigen Auftrag der Farbe auf Papier dickere Haarpinsel (etwa Nr. 8).

Bindemittel und Farbpigmente werden von verschiedenen Firmen angeboten. Wir haben positive Erfahrungen mit Schmincke gesammelt und sind sehr zufrieden. Die Preise variieren je nach Anbieter, Farbton und Qualität. Preisklasse 1 ist für unseren Zweck durchaus qualitativ hochwertig genug. Die Schmincke-Pigmente kosten zwischen 6 € und 12 € pro 100 ml. Die Menge ist mehr als ausreichend und reicht bei sparsamer Verwendung (für Aufgaben wie dieser hier) wohl ein Leben lang.

---
[1] vgl. Berggruen, Olivier/Hollein, Max/Pfeiffer, Ingrid (2005): Yves Klein, Seite 215–224

Das Bindemittel (Acrylemulsion) gibt es z. B. von der Firma Lascaux. 250 ml sollten für eine Klasse mit 25 Kindern ausreichend sein.

Zur Umsetzung dieser Station empfiehlt sich der Einsatz von 1–2 helfenden Elternteilen, die sich um die Ausgabe des Bindemittels und der Pigmente kümmern. Es wird nur eine geringe Menge an Acrylfarbe benötigt, da die Farben sehr ergiebig sind.

Bevor Kinder an dieser Station arbeiten, sollten Sie unbedingt kurz darauf eingehen, dass Farben in der hier durchgeführten Weise hergestellt werden. Künstler verfahren durchaus auf diese Weise, um ihre Farbmittel herzustellen und einen speziellen Farbton zu erzielen.

Wichtig ist auch, dass Sie zulassen, dass sich die Kinder so häufig Pigmente nachholen können, wie sie es selbst für nötig halten, bis sie ihren Blauton entwickelt haben. Besonders viel Spaß haben die Kinder auch, wenn sie alle ihr eigenes Blau mit Nennung des Namens der ganzen Klasse vorstellen dürfen.

Station 2: Blaue Kratzbilder (Abb. 18)
- Zeitungspapier als Unterlage
- weißes Papier, als Unterlage Größe DIN A6 bis DIN A5
- Wachsmalstifte/Pastell-Ölkreide
- Büroklammern

Pastell-Ölkreiden sind besonders zu empfehlen, da sie eine sehr starke Leuchtkraft haben. Man kann auch die gewünschten Farbtöne einzeln im Fachhandel erwerben. Mit Wachsmalstiften können aber ebenfalls gute Ergebnisse erzielt werden.

Büroklammern eignen sich sehr gut zum Kratzen und sind meist vorhanden. Die Büroklammer dabei in ihrem Originalzustand belassen und mit einer der abgerundeten Seiten „kratzen".

Station 3: Viele Felder – viel Blau (Abb. 19)
- Zeitungspapier als Unterlage
- weißes Papier, Größe DIN A3
- Wasserfarben
- Pinsel
- Wasserbecher
- blaue Buntstifte und Bleistifte

Auf dem Stationsblatt wurde die zu verwendende Farbpalette auf Blau, Schwarz und Weiß beschränkt. Wichtig ist dabei, zu besprechen, welche Blautöne des Farbkastens benutzt werden dürfen. Es ist ratsam, eine größere Menge an Deckweiß (oder weißer Schulmalfarbe) zur Verfügung zu stellen, da Deckweiß erfahrungsgemäß in den Farbkästen der Kinder fehlt, ausgetrocknet oder sofort leer ist. Falls noch nicht geschehen, sollte man vor der Bearbeitung dieser Station ein kurzes Gespräch über das Mischverhalten von Schwarz und Weiß mit anderen Farben führen.

Station 4: Wir kleben Schwämme auf (Abb. 20)
- Zeitungspapier als Unterlage
- Pappe/Hartfaserplatten/Leinwände, Größe DIN A3 oder größer
- Schwämme
- Scheren
- Flüssigklebstoff
- Schulmalfarben
- Pinsel
- Wasserbecher
- Bleistifte

Yves Klein arbeitete in seinen Kunstwerken mit Naturschwämmen. Da diese von der Anschaffung her sehr teuer sind, stellen Schwämme aus Kunstfasern eine gute Alternative dar. Sie sind meist quaderförmig, lassen sich mit einer Schere aber leicht in eine gewünschte Form bringen. Häufig kann man bunte Schwämme in Packungen zu ca. 10 Stück in Supermärkten zu sehr günstigen Preisen finden.

Wichtig ist an dieser Station, dass genügend Farbe zur Verfügung steht, da die Schwämme einiges an Farbe aufsaugen, bis die Farbe wirklich richtig deckt!

Als Malgrund kann die Rückwand eines Zeichenblocks oder eine Hartfaserplatte verwendet werden. Hartfaserplatten sind stabiler und stellen für die Kinder ein neues Materialerlebnis dar. Sie können in Baumärkten in beliebiger Größe erworben werden. Eine etwas teurere Alternative stellen Leinwände dar.

Wird diese Station als Gruppenarbeit (bis zu vier Kinder) ausgeführt, lassen sich mit größeren Formaten sehr ausdrucksvolle Ergebnisse erzielen.

Station 5: Collage
- Zeitungspapier als Unterlage
- Zeitschriften und Kataloge
- Scheren
- weißes oder blaues Papier, Größe DIN A4 bis DIN A3
- Klebstoff
- Bleistifte

Besonders kreativ und persönlich werden die Collagen, wenn Sie die Kinder im Vorfeld beauftragen, blaue Dinge zu sammeln. Es kann sich dabei um Bonbonpapierchen genauso wie um Fotos handeln. Ein zusätzlicher Auftrag könnte auch lauten, den Hintergrund der Collage mit blauen Buntstiften zu gestalten.

Station 6: Blaue Elfchen
- das Arbeitsblatt (Hilfestellung Elfchen) in entsprechender Anzahl kopieren
- blaues Papier, Größe DIN A5 bis DIN A4
- blaue Buntstifte

Diese Station eignet sich erst zum Einsatz ab Ende Klasse 1!

Im Hinblick auf diese Station bietet es sich an, die Gedichtform des Elfchens bereits im Rahmen des Deutschunterrichts einzuführen.

Station 7: Der Maler Yves Klein
- das Arbeitsblatt in ausreichender Anzahl kopieren
- Bleistifte

Diese Station eignet sich erst zum Einsatz in Klasse 2!

Station 1 — Ich erfinde mein eigenes Blau

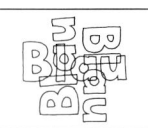

So wird's gemacht:

1. Nimm dir eine Plastikschale, einen Borstenpinsel, ein weißes Blatt Papier und einen Bilderrahmen.

2. Lasse dir Bindemittel und Farbpulver geben.
   → Welche Farbpulver du nimmst, darfst du selbst entscheiden. Du kannst so viele nehmen, wie du möchtest.

3. Mische mit einem Borstenpinsel alles zusammen.

4. Mische deine Farbe, bis dir der Farbton gefällt. Male dann dein weißes Blatt gleichmäßig damit an.

5. Wenn dein Bild fertig ist, lege es zum Trocknen.

6. Überlege dir einen Namen für dein Blau. Schreibe ihn mit einem blauen Buntstift schön auf deinen Bilderrahmen.

Station 2 — Blaue Kratzbilder

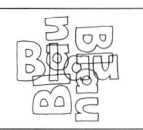

So wird's gemacht:

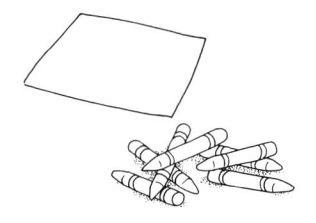

1. Nimm dir ein weißes Blatt Papier und Wachsmalkreiden in verschiedenen Blautönen.

2. Male nun dein Blatt mit einem oder mehreren Blautönen komplett an, sodass man das weiße Blatt nicht mehr sehen kann.
   → **Achtung:** Nimm zuerst die hellen Blautöne!

3. Male jetzt mit einem dunkleren Blau wieder über dein komplettes Bild.

4. Kratze nun mit einer Büroklammer ein Motiv oder ein Muster in dein Bild.
   → Das hellere Blau kommt wieder zum Vorschein!

Station 3 — Viele Felder – viel Blau

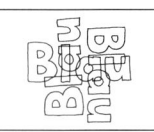

So wird's gemacht:

(1) Nimm dir ein weißes Blatt Papier und zeichne mit einem Bleistift viele Felder darauf ein.
→ Die Felder sollen das ganze Blatt ausfüllen.
→ Die Felder können eckig (mit Lineal!) oder abgerundet sein.

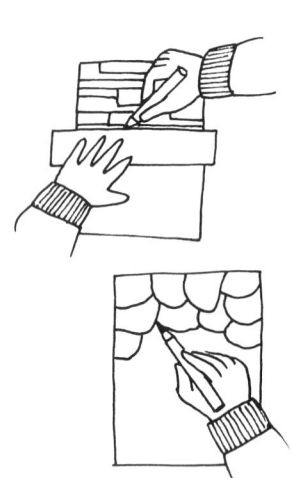

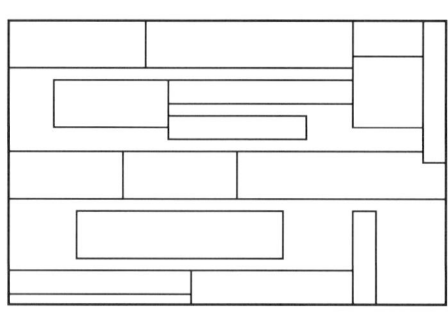

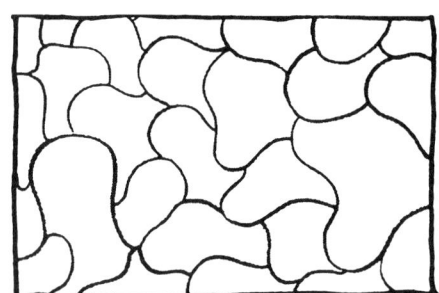

(2) Nimm deinen Wasserfarbkasten und male die Felder blau an.

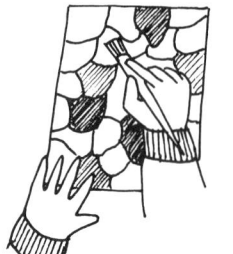

→ **Achtung:** Felder, die aneinandergrenzen, dürfen nicht mit demselben Blauton angemalt werden!

→ **Achtung:** Du darfst nur die Farben **Blau, Schwarz** und **Weiß** (Deckweiß) verwenden und musst dir daraus deine Blautöne mischen!

(3) Wenn dein Bild fertig ist, lege es zum Trocknen.

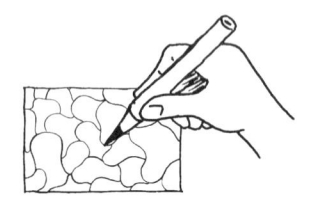

(4) Ist dein Bild getrocknet? Fahre nun mit einem blauen Buntstift die Umrandungen der Felder nach.

Station 4 — Wir kleben Schwämme auf

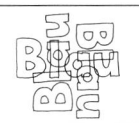

So wird's gemacht:

1. Nimm einen Schwamm und zerschneide ihn mit einer Schere so, wie du deine Teile gerne hättest.

2. Nun brauchst du eine Holzfaserplatte/Pappe. Klebe deine Schwammteile mit flüssigem Klebstoff auf.

3. Suche dir jetzt einen Blauton aus und male damit dein komplettes Bild an.
   → Du kannst dir dein eigenes Blau auch mischen – achte dabei darauf, dass du genug Farbe für das ganze Bild hast.
   → Für die Schwämme brauchst du viel Farbe, weil sie viel davon aufsaugen.

4. Überlege dir einen Namen für dein Bild und schreibe ihn mit Bleistift auf die Rückseite. Lege es zum Trocknen.

Station 5 — Collage

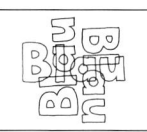

So wird's gemacht:

(1) Suche in Zeitschriften und Katalogen nach blauen Dingen und schneide sie aus.

(2) Nimm dir ein Blatt Papier und lege deine ausgeschnittenen Teile darauf.
   → Vielleicht hast du auch etwas Blaues von zu Hause mitgebracht – das kannst du auch verwenden.

(3) Wenn dir die Anordnung deiner Sachen gefällt, klebe sie auf das Blatt auf.

Station 6: Blaue Elfchen

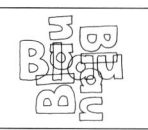

Was ist ein Elfchen?

Ein Elfchen ist ein Gedicht, das aus 11 Wörtern besteht.

Blaubeeren	1. Zeile = 1 Wort
der Himmel	2. Zeile = 2 Wörter
Wellen im Meer	3. Zeile = 3 Wörter
eine Farbe im Farbkasten	4. Zeile = 4 Wörter
blau	5. Zeile = 1 Wort
	⇒ insgesamt 11 Wörter

1. Überlege dir selbst ein Elfchen zur Farbe Blau. Nimm die Vorlage mit den 11 Linien und schreibe es dort vor.

2. Gefällt dir dein Elfchen, dann nimm dir ein blaues Blatt Papier. Schreibe es in Schönschrift mit blauen Buntstiften darauf.

3. Vergiss nicht, deinen Namen unter dein Gedicht zu schreiben.

Station 6 — Blaue Elfchen

_____

_____ _____

_____ _____ _____

_____ _____ _____ _____

_____

Station 6 — Blaue Elfchen

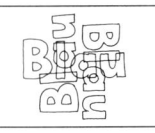

_____

_____ _____

_____ _____ _____

_____ _____ _____ _____

_____

Station 7 — Der Maler Yves Klein

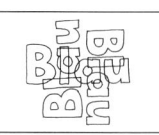

Der französische Maler Yves Klein wurde am 28. Mai 1928 in Nizza geboren. Seine Eltern waren beide auch Maler.
Besonders bekannt wurde er durch seine monochromen Bilder. Monochrom bedeutet einfarbig.
1957 entwickelte er sein eigenes Blau, das I.K.B. – Internationales Klein Blau.
Oft arbeitete er auch mit Schwämmen und machte aus ihnen eigene Kunstwerke oder klebte sie auf seine Bilder.
Am 6. Juni 1962 starb Yves Klein an einem Herzanfall.

Lies den Text und beantworte die folgenden Fragen:

1. Wo wurde Yves Klein geboren? _____

2. Wann starb Yves Klein? _____

3. Welchen Beruf hatten seine Eltern? _____

4. Was bedeutet monochrom? _____

5. Wie heißt das von Yves Klein entwickelte Blau? _____
_____

6. Welche Dinge klebte er oft auf seine Bilder? _____

Schneckenschöne Kunstwerke

Lehrerinformation

Die Spirale ist eine Urform aus der Natur. Spiral- oder schneckenförmige Muster gibt es nicht nur bei den Tieren, sondern auch im Wasser, auf Steinen oder in der Pflanzenwelt. Die Form der Schnecke erinnert an ein Mandala. Sie regt die Gestaltungskraft der Kinder an.

Die Form der Spirale lässt auch schon kleine Kinder regelmäßige Muster zeichnen, die sie je nach persönlicher Fähigkeit oder Kreativität weiter ausgestalten können. Der Umgang mit verschiedenen unbekannten Materialien wie Strukturpaste, Flüssigfarben, Jaxon-Kreide oder Stempeln ermöglicht den Schülern neuartige Erfahrungen.

Zu dem Kapitel Schnecken bietet sich ein fächerübergreifendes Projekt an. Es gibt sehr schöne Materialien für den Sachunterricht. Die Kinder haben viel Spaß am Sammeln, Beobachten und Untersuchen von Schnecken sowie natürlich auch an den künstlerischen Aktivitäten zum Thema. Es gibt sogar ein fetziges Projektlied über die Schnecke Mathilda von Lorenz Maierhofer.

Zu empfehlende Literatur:
Wieringer, Stefanie/Zindler, Kathrin: Die Schneckenwerkstatt, Mülheim a. d. Ruhr 2001
Datz, Margaret: Unterrichtseinheit Schnecken, Schulen ans Netz e. V.
Löwenzahn bei Terzio: www.affenterz.de/Loewenzahn, Stichwort: Schnecken
Maierhofer, Lorenz: SimSalaSing, Liederbuch für die Grundschule, 2005, Mathilda, die Schnecke, S. 127

Materialaufstellung

Station 1: Schneckenhauscollage (Abb. 21)
- 4–8 Schneckenhäuser pro Kind (beste Sammelzeit ist im Winter)
- Filzstifte
- bunter Tonkarton in DIN A6
- Wachsmalkreiden oder Ölpastellkreiden
- Flüssigklebstoff oder Heißklebepistole
- kleine Holzbilderrahmen

Das Aufkleben mit der Heißklebepistole sollte die Lehrkraft oder eine Helfermutter übernehmen.

Station 2: Hundertwasser-Bild (Abb. 22)
- schwarzer Tonkarton in DIN A4
- Ölpastellkreiden oder Wachsmalkreiden
- silberne Flüssigfarbe
- Pinsel
- Kunstbuch über Hundertwasser oder Kunstdrucke

Auf dunklem Tonkarton (schwarz, dunkelblau, dunkelgrün, dunkelrot) wirken die Farben besonders gut. Ölpastellkreide leuchtet besonders intensiv. Die Freude am selbst geschaffenen Kunstwerk ist so noch größer.

Station 3: Der Maler Hundertwasser
- das Arbeitsblatt in entsprechender Anzahl kopieren
- Bleistifte

Station 4: Schneckenschöne Wortkunst
- das Arbeitsblatt in entsprechender Anzahl kopieren
- buntes Papier in DIN A4
- Fineliner oder spitze Buntstifte

Bei motorisch schwächeren Schülern kann die Lehrkraft als Hilfestellung die Spiralform mit Bleistift vorzeichnen.

Station 5: Natur-Mandala
- gesammelte Blätter (Hausaufgabe)
- Klebestift
- buntes Tonpapier oder selbst eingefärbtes Blatt in DIN A4
- alte Telefonbücher

Fertige Bilder können als Geschenk eingerahmt oder auf ein andersfarbiges Tonpapier aufgeklebt werden.
Ein großes vergängliches Klassenkunstwerk dient als Dekoration bei Festen oder Projektwochen.
Als Differenzierungsaufgabe können die Schüler Lesezeichen anfertigen. Dazu das Tonpapier entsprechend zuschneiden, Blätter nach eigenen Vorstellungen aufkleben, die fertigen Lesezeichen anschließend laminieren, am unteren Ende lochen und mit einem Zierband versehen.

Station 6: Schnecke aus Strukturpaste (Abb. 23, 24)
- quadratische Leinwände (Größe je nach Belieben, ca. 15–20 cm Seitenlänge)
- ca. 1 kg Instant-Spachtelmasse aus dem Baumarkt (für ca. 25 Kinder)
- Plastikgabeln mit abgebrochenen Zinken (geben ein gutes Relief)
- Unterlagen, Malkittel
- Pinsel
- Schulmalfarben (eventuell mit beschränkter Palette, d. h. nur Blautöne, nur Erdtöne o. Ä.)
- Klarlack aus der Sprühdose (zum abschließenden Fixieren)

Statt der Leinwände können auch Zuschnitte aus Zeichenblockpappen verwendet werden. Eine kleine Menge der Schulmalfarben sollte jeweils in kleine Plastiktöpfchen gefüllt werden. Sind die Töpfchen wieder verschließbar, können sie am folgenden Tag weiterverwendet werden.

Station 7: Papierschnecke (Abb. 25)
- buntes Kopierpapier (160 g/qm)
- das Arbeitsblatt in entsprechender Anzahl kopieren
- Buntstifte
- Klebestift
- eventuell Wäscheklammern

Man kann für die Station auch Schablonen verwenden und festen Tonkarton. In einen Arbeitsplan eingebaut reichen für eine Klasse 4 Schablonen. Die Vorlage kann aber auch einfach auf festen bunten Karton kopiert werden.

Station 8: Mandala stempeln
- Papier (eventuell bunt) in DIN A4
- Stempel mit einfachen geometrischen Formen, wie zum Beispiel die Trixi-Stempel (ALS-Verlag, ca. 14 €)
- Buntstifte

Station 1 — Schneckenhauscollage

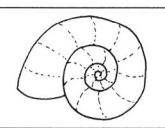

So wird's gemacht:

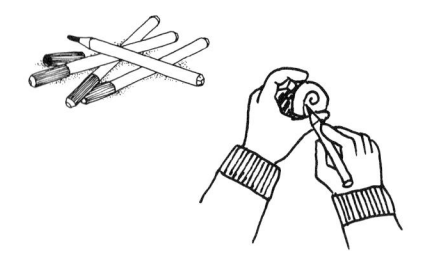

(1) Male deine Schneckenhäuser mit Filzstiften bunt an.

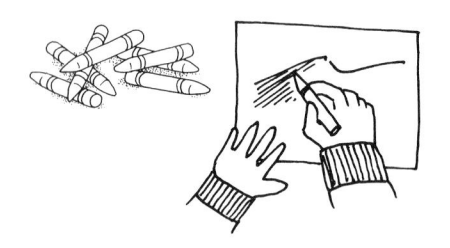

(2) Nimm eine bunte Pappe und male mit Wachsmalkreide einen schönen Hintergrund.

(3) Klebe die Schneckenhäuser mit Flüssigklebstoff auf die Pappe.

(4) Besonders schön sieht dein Bild in einem kleinen Holzrahmen aus. Du kannst deine Schneckenhäuser auch auf den Bilderrahmen kleben.

Station 2 — Hundertwasser-Bild

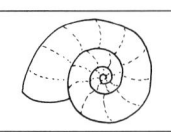

So wird's gemacht:

1) Sieh dir die Bilder von dem Maler Hundertwasser genau an.

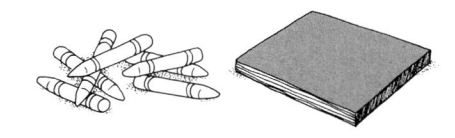

2) Nimm eine dunkle Pappe und Ölpastellkreide.

3) Jetzt male ein großes Muster wie ein Schneckenhaus auf die Pappe. Das Muster soll so groß wie dein Papier werden.

4) Nun füllst du dein Muster noch mit vielen anderen bunten Farben aus, bis es so leuchtet wie ein Bild von Hundertwasser.

5) Zum Schluss nimmst du einen Pinsel und die silberne Farbe. Färbe einen Teil deines Musters mit der silbernen Farbe ein.

6) Trage dein Bild zum Trocknen.

Station 3 — Der Maler Hundertwasser

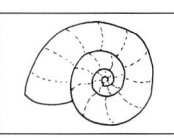

Der Maler mit dem Künstlernamen Friedensreich Hundertwasser wurde 1928 in Wien (das ist in Österreich) geboren.
Sein Name lautet eigentlich Friedrich Stowasser.
Sein Vater starb nur dreizehn Tage nach seiner Geburt. Deshalb lebte er alleine mit seiner Mutter.
Als er sieben Jahre alt war, kam er in die Schule. Seine Kunstlehrer erkannten schnell seine Begabung. Er hatte einen ganz besonderen Sinn für Farben und Formen.
In seinen Bildern verwendete er immer wieder Spiralen wie bei einer Schnecke. Hundertwasser malte nicht nur wunderschöne farbenfrohe Bilder. Er baute auch Häuser.
Friedensreich Hundertwasser starb am 19. Februar 2000 auf einer Schiffsreise.

Lies den Text und beantworte die folgenden Fragen:

1. Wann wurde Friedensreich Hundertwasser geboren? _____

2. Wie war sein richtiger Name? _____

3. Was erkannten seine Lehrer schnell? _____

4. Hundertwasser hatte einen ganz besonderen Sinn für _____

   und _____.

5. Welche Formen malte der Künstler immer wieder? _____

6. Was baute Hundertwasser? _____

Station 4 — Schneckenschöne Wortkunst

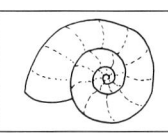

So wird's gemacht:

1. Du brauchst ein Blatt Papier und einen spitzen Buntstift oder Fineliner.

2. Schreibe das Schneckengedicht wie ein Künstler ab. Beginne in der Mitte und schreibe die Wörter im Kreis.

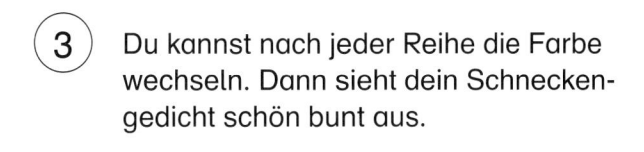

3. Du kannst nach jeder Reihe die Farbe wechseln. Dann sieht dein Schneckengedicht schön bunt aus.

4. Verziere dein Blatt mit vielen gemalten Schnecken.

5. Lerne das Gedicht auswendig.

Sieben kecke Schnirkelschnecken

Sieben kecke Schnirkelschnecken
saßen einst auf einem Stecken,
machten dort auf ihrem Sitze
kecke Schnirkelschneckenwitze.
Lachten alle so:
„Ho, ho, ho, ho, ho!"

Doch vor lauter Ho-ho-Lachen,
Schnirkelschneckenwitze-Machen,
fielen sie von ihrem Stecken:
alle sieben Schnirkelschnecken.
Liegen alle da.
Ha, ha, ha, ha, ha!

Josef Guggenmos, „Sieben kecke Schnirkelschnecken"
aus: Josef Guggenmos, „Was denkt die Maus am Donnerstag"
Beltz & Gelberg in der Verlagsgruppe Beltz, Weinheim & Basel

Station 4 — Schneckenschöne Wortkunst
(Vorlagen)

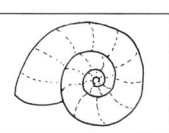

Sieben Schnirkelschnecken hecke

Sieben Schnirkelschnecken saßen einst auf einem Schnirkelschneckensitze, kochten dort auf ihrem Sitze Schnirkelschneckenwitze, machten alle so: "Ho, ho, ho, ho, ho!"

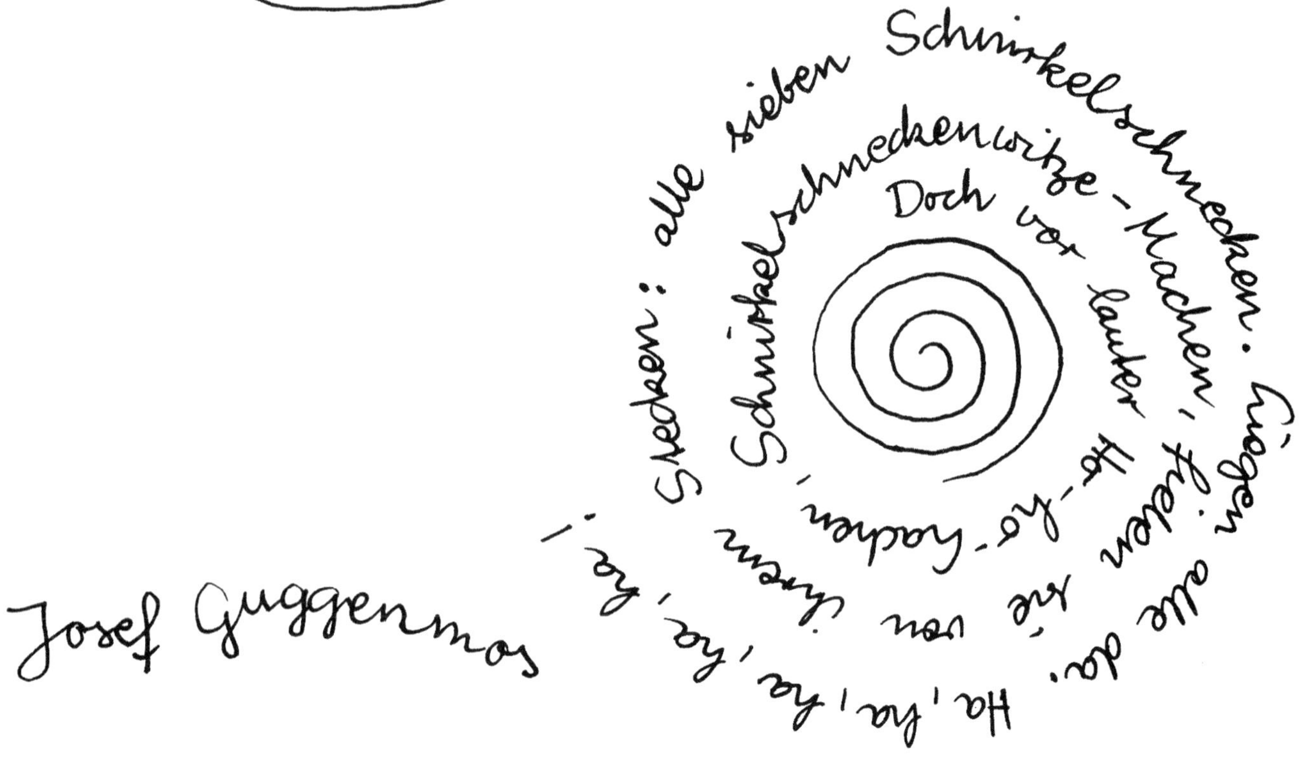

Doch vor lauter Schnirkelschneckenwitze-Machen fingen alle sieben Schnirkelschnecken fürchterlich zu lachen an, sodass sie von ihrem Sitze fielen alle da: Ha, ha, ha, ha, ha!

Josef Guggenmos

Station 5 — Natur-Mandala

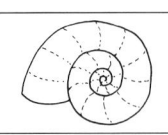

So wird's gemacht:

① Sammle viele schöne kleinere Blätter in allen Formen und Farben.

② Lege die Blätter in Kreisen auf den Tisch. Du kannst in die Mitte ein besonders schönes größeres Blatt legen. Außen herum legst du einen Kreis aus kleineren Blättern. Danach wechselst du die Blätterart immer wieder.

③ Klebe dein Mandala mit Klebestift auf ein buntes Blatt Papier.

④ Lege das fertige Mandala in ein altes Telefonbuch.

⑤ Nach ein paar Tagen ist alles fertig getrocknet und gepresst.

Station 6 — Schnecke aus Strukturpaste

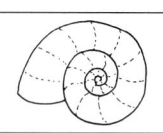

So wird's gemacht:

1. Tag:

① Trage auf deine Leinwand einen Klecks Spachtelmasse in der Mitte auf.

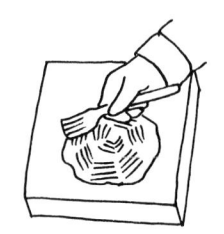

② Verteile die Masse mit der Plastikgabel, sodass sie aussieht wie eine Schnecke.

③ Jetzt muss dein Bild erst einmal trocknen.

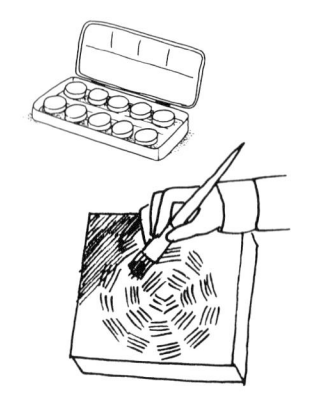

2. Tag:

① Male deine getrocknete Leinwand mit flüssigen Farben an. Wechsle dabei immer wieder die Farbe. Dann sieht dein Bild interessanter aus.
→ **Achtung:** Achte darauf, dass du die ganze Leinwand anmalst. Beim Rand musst du ein wenig um die Ecke malen.

② Jetzt kannst du dein Bild zum Trocknen bringen.

Station 7 — Papierschnecke

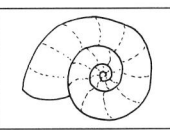

So wird's gemacht:

1. Schneide die Schnecke ordentlich aus.

2. Jetzt zeichnest du eine wunderschöne bunte Spirale mit Buntstiften auf das Schneckenhaus.

3. Male deiner Schnecke auch ein Gesicht mit Augen und Mund.

4. Nun musst du nur noch die beiden Seitenteile nach oben knicken. Dann kannst du sie mit einem Klecks aus dem Klebestift zusammenkleben.
   → **Achtung:** Die bemalte Seite muss außen sein!

5. Wenn du eine Wäscheklammer hast, musst du die Schnecke nicht so lange festhalten. Du kannst die geklebte Stelle einfach klammern.

6. Bei der getrockneten Schnecke biegst du nun vorsichtig den Kopf und den Schwanz nach oben.

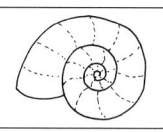

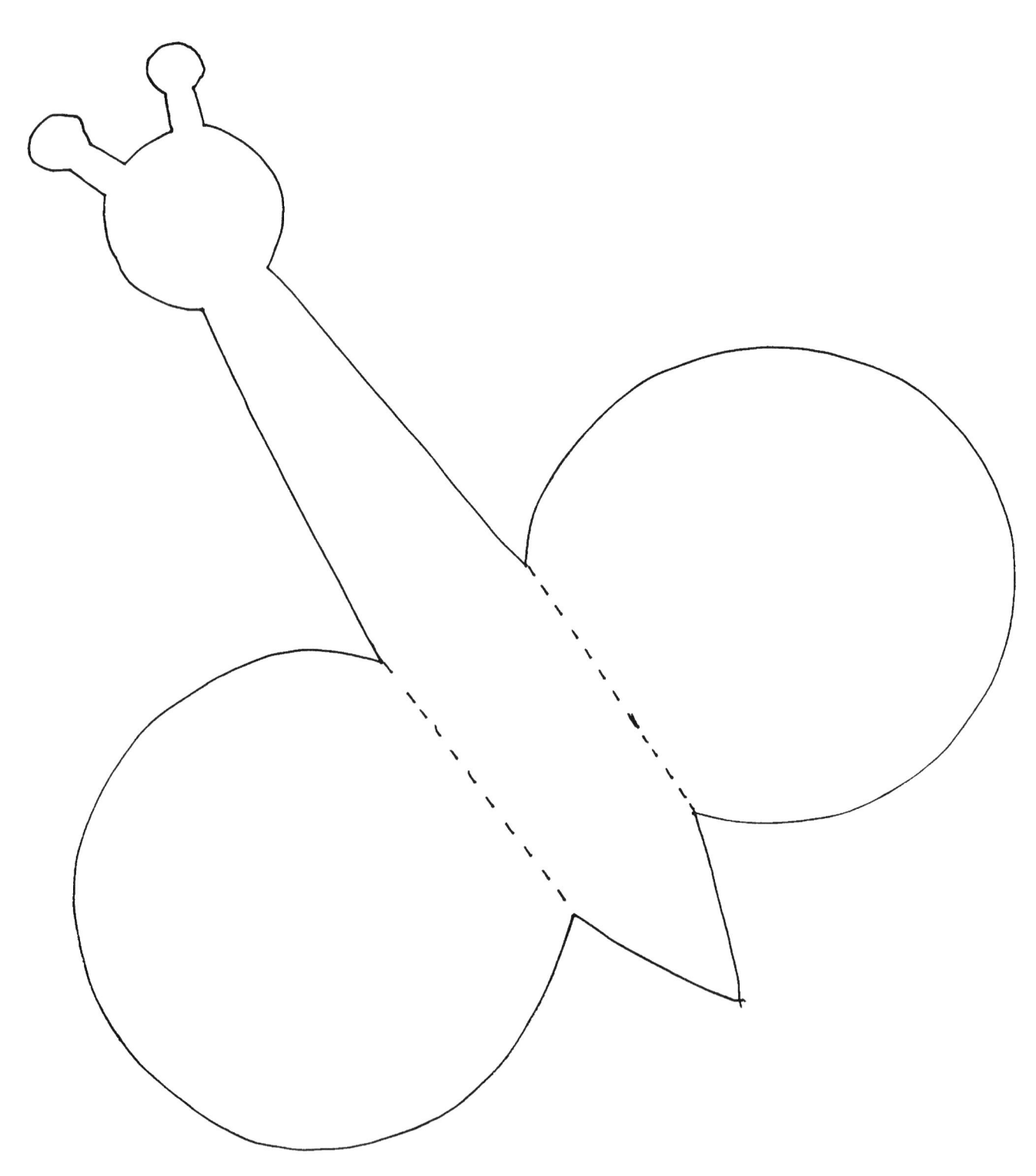

Station 7 — Papierschnecke

Station 8 — Mandala stempeln

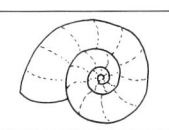

So wird's gemacht:

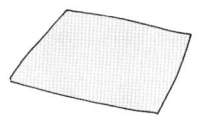

1. Nimm ein schönes buntes Blatt Papier. Nun erfindest du dein eigenes Mandala.

2. Beginne in der Mitte des Blattes mit einem kleinen Kreis. Stemple mit den verschiedenen Stempelformen immer wieder neue Kreise.

3. Male jetzt dein Mandala wunderschön bunt an.

Erfahrungen mit verschiedenen Drucktechniken

Lehrerinformation

Das Thema Drucken beinhaltet unterschiedliche Drucktechniken, wobei wir uns in dieser Stationsarbeit auf den Kartoffeldruck, den Fingerdruck, den Pappkantendruck und den Moosgummistempeldruck beschränken.

Die Gemeinsamkeit aller Drucktechniken besteht darin, dass eine Vorlage (in unserem Fall sind es einzelne Formen) durch das Drucken beliebig oft vervielfältigt werden kann.

Bei dieser Technik kommt das zeichnerische Können nur bei der Produktion der Druckvorlage zum Tragen.

In unseren Stationen sind die Druckvorlagen bereits vorgefertigt oder beschränken sich auf sehr einfache Formen. So bietet die Technik des Druckens allen Kindern die Möglichkeit, ein gutes Ergebnis zu erzielen.

Als Farben eignen sich Wasserfarben wie auch Schulmalfarben. Der Vorteil von Schulmalfarben ist, dass sie während des Druckens nicht so schnell trocknen und so eine einfachere Handhabung bieten. Zudem ist die Farbintensivität bei Schulmalfarben größer.

Die bildnerischen Umsetzungen der Drucktechniken sind selbstverständlich nur Vorschläge und können beliebig abgewandelt oder durch andere Motive ersetzt werden.

Als Abschluss der Einheit zum Drucken bietet es sich an, ein Bild aus verschiedenen Drucktechniken zu erstellen.

In dem Bild „Goldfisch" (siehe Anhang, Abb. 26) werden die Techniken des Fingerdrucks und des Pappkantendrucks miteinander verbunden.

1. Der Umriss des Goldfisches wird mit Bleistift auf rot-, gelb- oder orangefarbenes Tonpapier gezeichnet und ausgeschnitten.
2. Die Schuppen, die Lippen und das Auge entstehen durch Fingerdruck (in den Farben Rot, Gelb, Orange).
3. Die Struktur der Flossen entsteht durch Pappkantendruck.
4. Zum Abschluss kann der fertige Goldfisch auf ein blau eingefärbtes Blatt (wird mit Schwämmchen besonders gleichmäßig) aufgeklebt werden.

Materialaufstellung

Station 1: Wir drucken mit allem, was wir haben!
- Zeitungspapier als Unterlage
- Kartoffeln (verschiedene vorgeschnittene Formen)
- Pappkanten
- Moosgummistempel
- weißes Papier, Größe DIN A3
- Schälchen (für die Schulmalfarbe)
- Schulmalfarben
- Wasserfarben
- Stempelkissen
- Pinsel
- Schüssel mit Wasser
- Küchenrolle

An dieser Station sollen die Kartoffeln nicht von den Kindern selbst geschnitten werden, um einen unnötigen Zeitaufwand und eine potenzielle Gefahrenquelle zu vermeiden! Es geht vielmehr darum, den Kindern die Möglichkeit zu bieten, erste Erfahrungen mit dem Drucken zu sammeln und ihnen Zeit zum eigenen Experimentieren zu geben, bevor sie in eine konkrete Bildumsetzung einsteigen.

Aus dieser Sicht gestaltet es sich auch als überaus sinnvoll, dass alle Kinder diese Station zuerst bearbeiten.

Um das Beschaffen einer Menge an Materialien zu vermeiden, lässt sich diese Station auch vorangehend in einen Wochenplan oder eine Stationsarbeit in einem anderen Fach einbauen.

Station 2: Ein Himmel voller Vögel – Kartoffeldruck (Abb. 27)
- Zeitungspapier als Unterlage
- weißes Papier, Größe DIN A3
- Schulmalfarben
- Pinsel
- Schälchen (für die Farben)
- Kartoffeln (möglichst kleine)
- kleine Messer (nicht zu scharf)
- Schüssel mit Wasser
- Küchenrolle
- Bleistifte

Während die Kinder arbeiten, sollte man darauf achten, dass das Wasser in der Schüssel von Zeit zu Zeit gewechselt wird! Bei manchen Klassen ist es zu empfehlen, eine Klassenmutter als Helferin einzusetzen → Verletzungsgefahr mit den Messern!

Station 3: Luftballons fliegen – Fingerdruck (Abb. 28)
- Zeitungspapier als Unterlage
- weißes Papier, Größe DIN A4
- Buntstifte, Wachsmalkreiden
- Wasserfarben/Schulmalfarben
- Pinsel (evtl.)
- Wasserschüssel
- Küchenrolle

Diese Station ist bei den meisten Kindern sehr beliebt. Auch wenn die Technik vielen bereits aus dem Kindergarten bekannt sein wird, bietet sie immer wieder ein unverzichtbares haptisches Erlebnis.

Bei der Verwendung von Wasserfarben bietet es sich an, den Finger direkt als „Pinsel" zu verwenden, ihn anzufeuchten und die Farbe direkt aus der Farbpalette zu entnehmen. Bei der Verwendung von Schulmalfarbe ist es sinnvoller, den Finger mit einem Pinsel anzumalen, um nicht zu viel Farbe zu verwenden.

Station 4: Blumenwiese – Moosgummistempeldruck (Abb. 29)
- Zeitungspapier als Unterlage
- weißes Papier, Größe DIN A4
- Moosgummistempel
- Stempelkissen (evtl. verschiedene Farben)
- Küchenrolle
- Bleistifte

Moosgummistempel kann man sehr einfach und preisgünstig selbst herstellen. Moosgummiteile kann man sich entweder aus großen Platten selbst ausschneiden oder im Handel erwerben. Geometrische Formen gibt es in Packungen (50–100 Stück) zu Preisen von bereits unter 1 €. Als Stempelhalterung lassen sich Holzbauklötzchen sehr gut verwenden. Bei der Herstellung ist darauf zu achten, dass das Moosgummiteil nicht größer als die Stempelhalterung ist (an diesen Stellen lässt sich sonst nicht genügend Druck aufbauen). Ansonsten einfach Moosgummiteil aufkleben und fertig.

Stellt man unterschiedlich farbige Stempelkissen zur Verfügung, leiden diese leider meist darunter. Meist kommt es dazu, dass die Farben mit dem Stempel (trotz Abwischen des Stempels nach dem Gebrauch) auf die anderen Stempelkissen übertragen werden und so die Farbreinheit verloren geht.

Station 5: Eine Stadt entsteht – Pappkantendruck (Abb. 30)
- Zeitungspapier als Unterlage
- weißes Papier, Größe DIN A4 bis DIN A3
- Pappkanten (vorgeschnitten)
- Scheren
- Schulmalfarben
- Pinsel
- Wasserbecher
- Küchenrolle

Als Pappe eignet sich hervorragend die Rückwand eines Zeichenblocks.

Es ist sinnvoll, unterschiedlichste Längen von Pappkanten mit einer Schneidemaschine vorzubereiten, da den Kindern das gerade Schneiden sehr schwerfällt und die Bildergebnisse unnötig darunter leiden würden.

Station 1   *Wir drucken mit allem, was wir haben!*

So wird's gemacht:

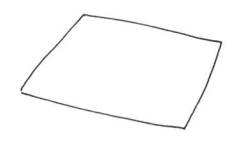

(1) Nimm dir ein weißes Blatt Papier.

(2) Du darfst mit allen Sachen drucken, die auf dem Tisch liegen.
Probiere aus, was man mit ihnen alles machen kann.
→ Benutze verschiedene Farben.
→ Benutze einmal viel und einmal wenig Wasser.
→ Probiere es auch einmal mit deinen Fingern.

(3) Wenn du genug ausprobiert hast, lege dein Bild zum Trocknen.

Station 2

Ein Himmel voller Vögel
Kartoffeldruck

So wird's gemacht:

① Nimm dir ein weißes Blatt Papier, eine Kartoffel und ein Messer.
→ **Achtung:** Gehe vorsichtig mit dem Messer um, damit du dich und andere nicht verletzt!

② Schneide die Kartoffel so, dass diese Formen entstehen:

Körper und Flügel   *Schwanz*

③ Male die Kartoffel mit einem Pinsel mit Wasserfarbe an.

④ Drucke viele Vögel auf dein Blatt.
→ Willst du die Farbe wechseln? Wasche die Kartoffel ab und tupfe sie mit einem Küchentuch trocken.

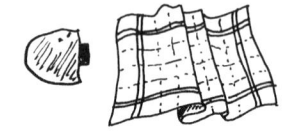

⑤ Male den Vögeln mit schwarzem Buntstift ein kleines Auge.

⑥ Lege dein Bild zum Trocknen.

Station 3

Luftballons fliegen
Fingerdruck

So wird's gemacht:

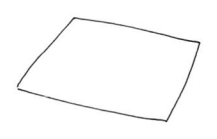

1. Nimm dir ein weißes Blatt Papier.

2. Male mit Buntstiften/Wachsmalstiften Kinder auf einer Wiese.

3. Die Kinder lassen Luftballons steigen – drucke mit deinen Fingern viele bunte Luftballons in den Himmel.

4. Male mit Buntstiften Schnüre an die Luftballons.

5. Lege dein Bild zum Trocknen.

Station 4

Blumenwiese
Moosgummistempeldruck

So wird's gemacht:

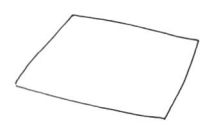

① Nimm dir ein weißes Blatt Papier.

② Überlege dir, wie deine Blumenwiese aussehen soll.

③ Stemple Blumen, bis du eine ganze Wiese hast.

→ **Achtung:** Stempel immer mit einem Küchentuch saubermachen, wenn du die Farbe wechselst oder wenn du fertig bist.

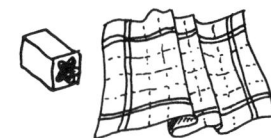

→ **Tipp:** Du kannst auch eine Sonne, Wolken oder Schmetterlinge dazustempeln.

④ Lege dein Bild zum Trocknen.

Station 5

Eine Stadt entsteht
Pappkantendruck

So wird's gemacht:

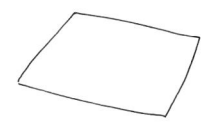

(1) Nimm dir ein weißes Blatt Papier.

(2) Überlege dir, wie deine Stadt aussehen soll.

(3) Nimm dir eine passende Pappkante.
Male die Kante mit einem Pinsel an und drucke Häuser auf dein Blatt.

→ **Achtung:** Pappkanten immer mit einem Küchentuch saubermachen, wenn du die Farbe wechselst oder wenn du fertig bist.

→ **Tipp:** Über deiner Stadt könnte auch die Sonne scheinen.

(4) Lege dein Bild zum Trocknen.

Kreative Zahlenplakate für die Zahlen von 1 bis 10

Lehrerinformation

Im ersten Schuljahr ist die Herstellung von Plakaten zu jeder neu eingeführten Zahl eine schöne und überschaubare kreative Aktivität. Es bietet sich an, die Zahlenplakate im Rahmen der üblichen Stationen zur Einführung der Zahl zu integrieren. Neben dem Schreiben, Zählen, Kneten, Im-Sand-Schreiben, der Bearbeitung von Arbeitsblättern und Ähnlichem sollen die Kinder hier ein kleines Kunstthema bearbeiten, das in ein gemeinschaftliches Plakat eingebunden wird. Die Plakate sind für die gesamte Zeit der Klasse 1 eine schöne und sinnvolle Klassenraumdekoration. Hier wird einmal das Fach Mathematik künstlerisch in Szene gesetzt.

Materialaufstellung

Zur Auflockerung der Plakate kann man ein kleines Heftchen aus dem Spielwarenladen mit Abbildungen zu den Zahlen 1 bis 10 kaufen. Diese Bilder dürfen jeweils die schnell arbeitenden Kinder schön anmalen. Sie werden in die Mitte des jeweiligen Zahlenplakates geklebt.

Station 1: Die Zahl 1 (Abb. 31)
- farbiges Tonpapier (50 x 70 cm)
- Klebstoff, durchsichtiges Klebeband
- Kiste mit Stoffresten, Verpackungsmaterialresten, Ästen, Tapetenresten, Zeitschriften usw.
- Bild zur Zahl 1

Diese Station wird erfahrungsgemäß an den darauffolgenden Tagen ergänzt, weil die Kinder in ihrer Umwelt auf weitere Darstellungen der Zahl 1 stoßen, diese mitbringen und hinzufügen.

Station 2: Die Zahl 2 – Sockenpaare (Abb. 32)
- farbiges Tonpapier (50 x 70 cm)
- das Arbeitsblatt in ausreichender Anzahl kopieren
- Klebestifte
- Buntstifte
- Scheren
- Bild zur Zahl 2

Hier werden die Fähigkeiten des ordentlichen Anmalens und Ausschneidens trainiert, die leider nicht immer vorausgesetzt werden können.

Station 3: Die Zahl 3 – Mein Hut, der hat drei Ecken (Abb. 33)
- farbiges Tonpapier (50 x 70 cm)
- Klebestifte
- buntes Papier zum Falten in Größe DIN A5
- Faltanleitung vergrößert
- Bild zur Zahl 3

Bei der Einführung der Zahl 3 bietet es sich an, das einfache Kinderlied „Mein Hut, der hat drei Ecken" zu singen. Die Schüler werden umso motivierter die Hüte für das Plakat falten. Es ist sinnvoll, die Faltanleitung auf DIN A3 zu vergrößern und aufzuhängen. Noch anschaulicher wird der einfache Bastelvorgang, wenn die vier Arbeitsschritte vorgefaltet und durchnummeriert als Modell an der Tafel hängen. Erfahrungsgemäß finden die Schüler selbstständig heraus, wie der Hut gefaltet wird. Es sollte jedoch reichlich Papier zur Verfügung stehen, da sicherlich einige mehr als einen Anlauf zum richtigen Ergebnis machen werden.

Station 4: Die Zahl 4 – ein Kleeblatt falten (Abb. 34)
- farbiges Tonpapier (50 x 70 cm)
- Klebestifte
- grünes Papier zum Falten in Größe 15 x 15 cm
- Faltanleitung vergrößert
- Bild zur Zahl 4

Station 5: Die Zahl 5 – Handabdrücke (Abb. 35)
- farbiges Tonpapier (50 x 70 cm)
- flüssige Schulmalfarben
- Pinsel
- Bild zur Zahl 5

Bei dieser Station sollte man sich eventuell eine Helfermutter organisieren.

Station 6: Die Zahl 6 – Fadenzahlen (Abb. 36)
- farbiges Tonpapier (50 x 70 cm)
- flüssiger Klebstoff
- Wollreste
- Scheren
- Bild zur Zahl 6

Hier sollte man die Kinder auf die sparsame Verwendung des Flüssigklebers hinweisen!

Station 7: Die Zahl 7 – Sandzahlen (Abb. 37)
- farbiges Tonpapier (50 x 70 cm)
- Klebestifte
- feinen Sand
- zwei Tabletts
- Bild zur Zahl 7

Im ersten Schuljahr ist es zum Sammeln von haptischen Erfahrungen eine einfache und gute Möglichkeit, zwei Tabletts mit Sand im Klassenraum zu haben, damit die Kinder mit den Fingern Zahlen und Buchstaben im Sand schreiben können. Am besten eignet sich feiner Vogelsand aus dem Baumarkt. Die Erstellung dieses Plakates ist sehr einfach und wirkungsvoll.

Station 8: Die Zahl 8 – liegende Acht (Abb. 38)
- farbiges Tonpapier (50 x 70 cm)
- Wachsmalkreiden
- Bild zur Zahl 8

Jedes Kind darf auf dem Zahlenplakat mehrmals mit Wachsmalkreide die liegende 8 nachzeichnen. Bei der Einführung der Zahl 8 lässt sich hier eine gute Verbindung zu den Brain-Gym-Übungen schaffen. Diese fördern die Verbindung der beiden Gehirnhälften und damit auch die Konzentration. Im Unterrichtsalltag kann man leicht eine tägliche Folge von den wichtigsten Übungen integrieren. Dazu braucht man nur jeweils 5 Minuten täglich.

An dieser Stelle kann nur auf die entsprechende Literatur verwiesen werden.

Empfehlenswerte Literatur:
- Dennison, Paul u. Gail: Das Handbuch der EDU-Kinestetik für Eltern, Lehrer und Kinder jeden Alters, Freiburg 1987
- Dennison, Paul u. Gail: Lehrerhandbuch Brain-Gym, Freiburg 2004
- Sunbeck, Deborah: Was die 8 möglich macht, Freiburg 2002

Station 9: Die Zahl 9 – Schlangenzahlen (Abb. 39)
- farbiges Tonpapier (50 x 70 cm)
- das Arbeitsblatt in ausreichender Anzahl kopieren
- Scheren
- Buntstifte
- Klebestifte
- Bild zur Zahl 9

Station 10: Die Zahl 10 – Zehn kleine Zappelfinger (Abb. 40)
- farbiges Tonpapier (50 x 70 cm)
- das Arbeitsblatt in ausreichender Anzahl kopieren
- Buntstifte
- Klebestifte
- Scheren
- Bild zur Zahl 10

Station 1 — Die Zahl 1

So wird's gemacht:

(1) Schneide eine 1 aus Pappe, Plastik oder Stoff aus.

(2) Vielleicht findest du andere Dinge, die wie eine 1 aussehen. Ein Ast oder ein gebogener Strohhalm sehen zum Beispiel aus wie eine 1.

(3) Klebe alle verschiedenen Einsen auf das Plakat.

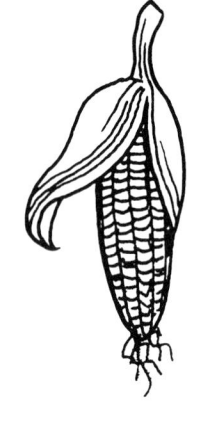

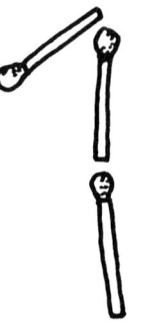

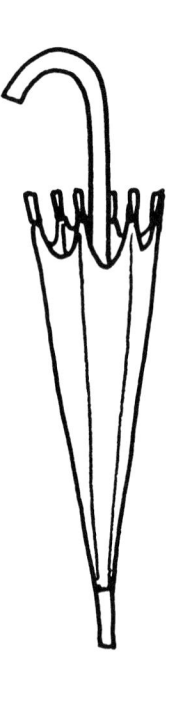

Station 2 — Die Zahl 2 – Sockenpaare

So wird's gemacht:

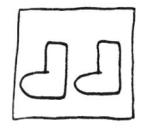

(1) Nimm dir ein Blatt mit dem Sockenpaar und Buntstifte.

(2) Male dein Paar Socken schön bunt an. Nimm für beide Socken die gleiche Farbzusammenstellung.

(3) Nimm eine Schere und schneide deine Socken ordentlich aus.

(4) Klebe dein Sockenpaar auf das Plakat zur 2.

Station 2 — Die Zahl 2 – Sockenpaare

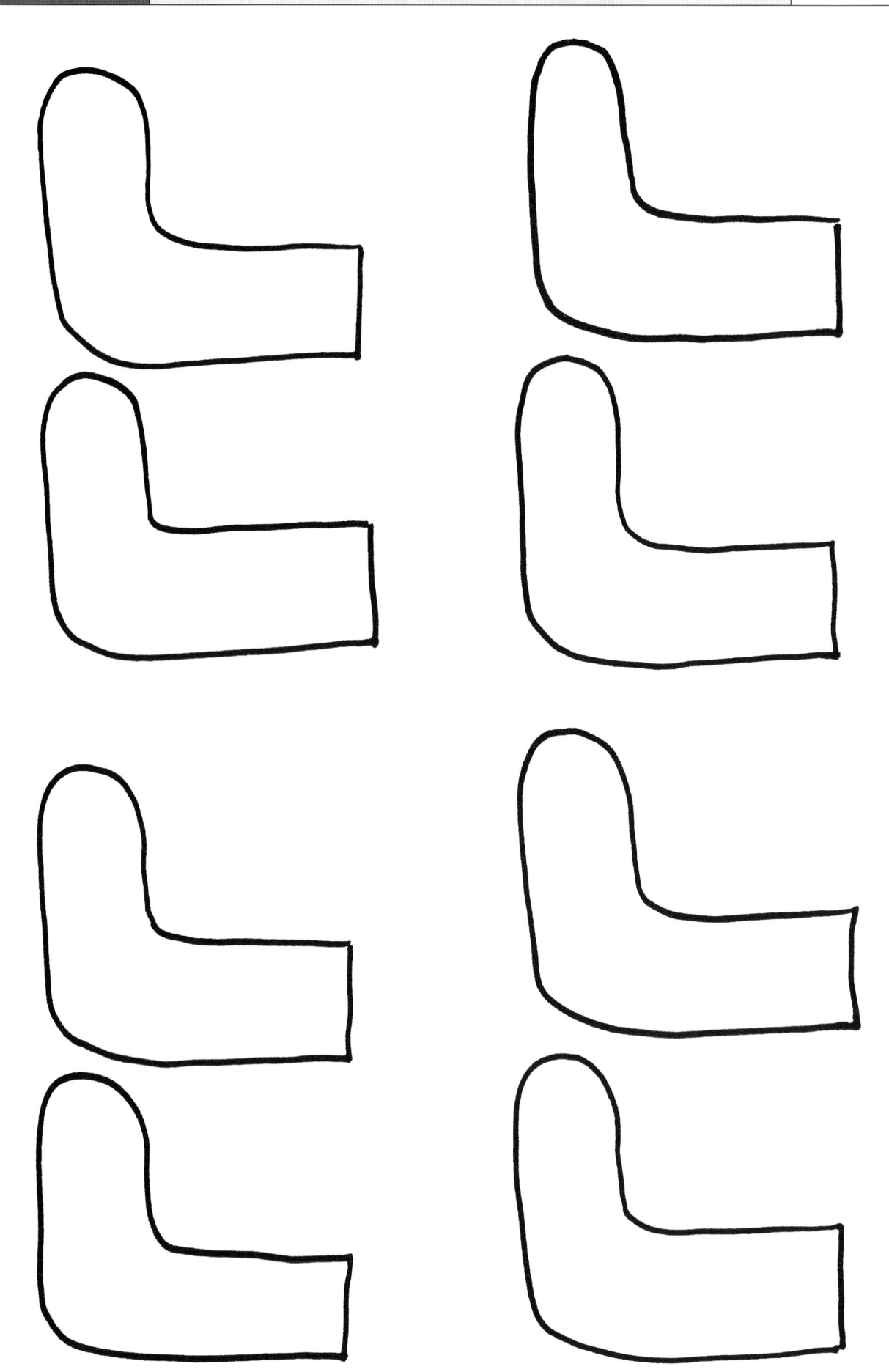

Station 3

Die Zahl 3 – Mein Hut, der hat drei Ecken

So wird's gemacht:

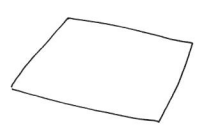

① Nimm dir ein buntes Blatt Papier zum Falten.

② Schau dir die Faltanleitung genau an. Falte Schritt für Schritt nach.

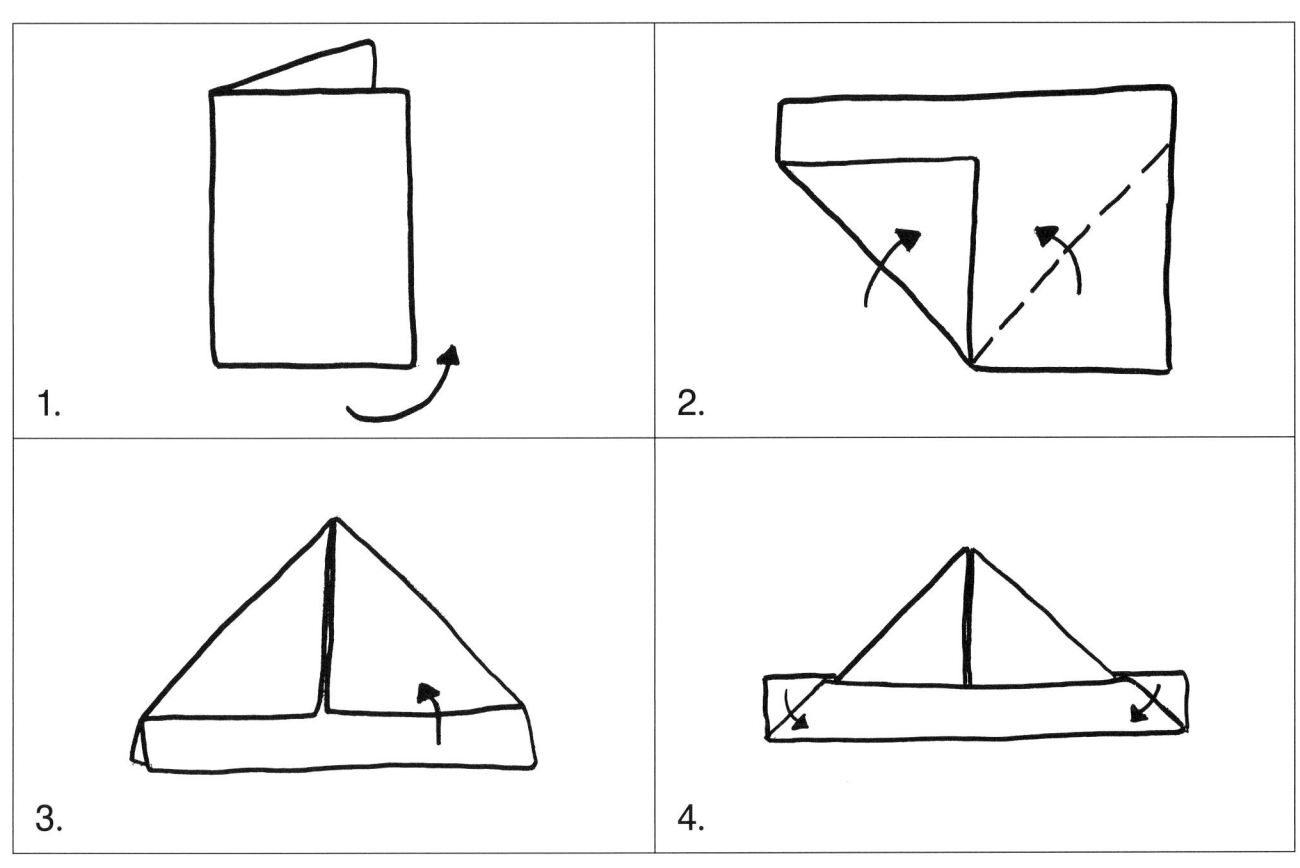

1.

2.

3.

4.

③ Klebe deinen gefalteten Hut auf das Plakat.

**Mein Hut, der hat drei Ecken,
drei Ecken hat mein Hut.**

**Und hätt' er nicht drei Ecken,
so wär' er nicht mein Hut!**

Station 4 — Die Zahl 4 – ein Kleeblatt falten

So wird's gemacht:

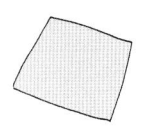

① Nimm dir ein grünes Blatt Papier zum Falten.

② Schau dir die Faltanleitung genau an.
Falte Schritt für Schritt nach.

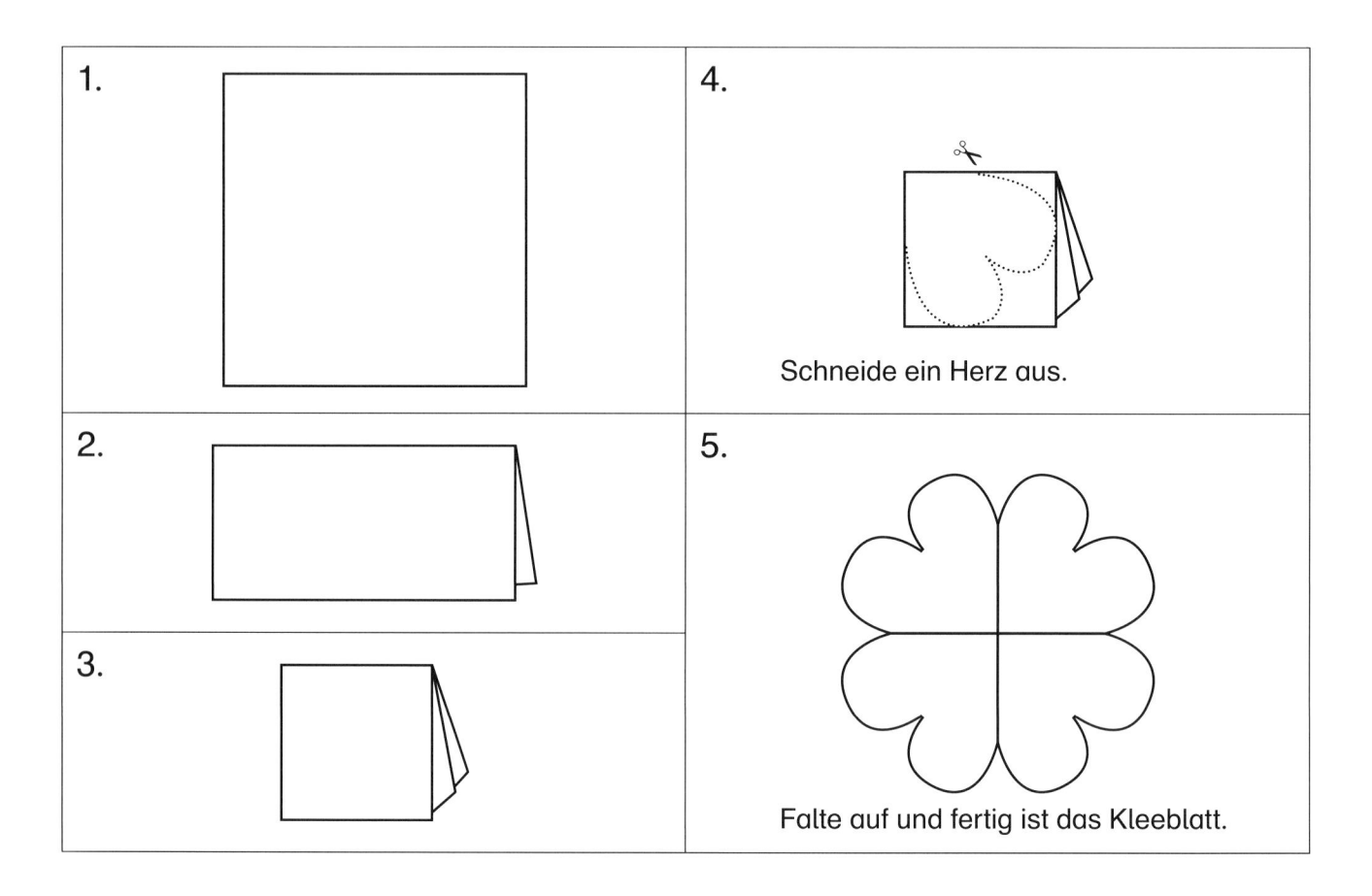

1.

2.

3.

4. Schneide ein Herz aus.

5. Falte auf und fertig ist das Kleeblatt.

③ Klebe dein Kleeblatt auf das Plakat.

Station 5 — Die Zahl 5 – Handabdrücke

So wird's gemacht:

1. Male mit einem Pinsel eine Hand mit flüssiger Farbe an.

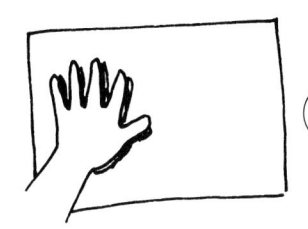

2. Jetzt drückst du die Hand vorsichtig auf das Plakat.

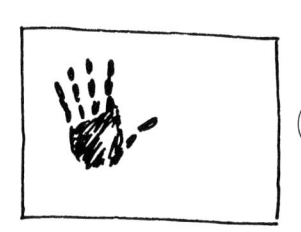

3. Nun hast du einen Abdruck auf dem Plakat zur 5 gemacht.

4. Wasche deine Hände.

Station 6 — Die Zahl 6 – Fadenzahlen

So wird's gemacht:

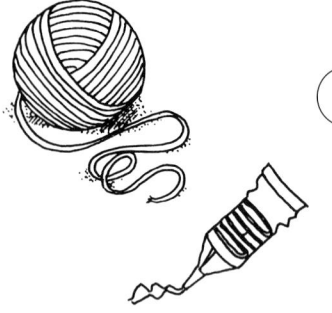

(1) Nimm einen bunten Wollfaden und flüssigen Klebstoff.

(2) Schneide ein Stück von der Wolle ab.

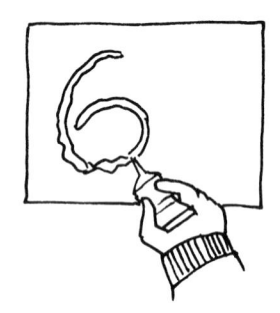

(3) Jetzt male mit dem flüssigen Klebstoff eine 6 auf das Plakat.

(4) Dann legst du vorsichtig den Faden auf den Klebstoff. Schneide den Rest mit einer Schere ab.

Station 7 — Die Zahl 7 – Sandzahlen

So wird's gemacht:

1) Du brauchst einen Klebestift und Sand.

2) Schreibe mit dem Klebestift eine schöne 7 auf das Plakat.

3) Schütte ein wenig Sand darüber. Der Sand bleibt am Klebstoff haften.

4) Zum Schluss musst du den Sand vorsichtig wieder auf das Tablett schütteln.

Station 8 — Die Zahl 8 – liegende Acht

So wird's gemacht:

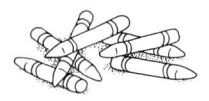

(1) Du brauchst eine bunte Wachsmalkreide.

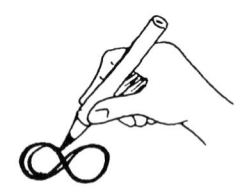

(2) Beginne in der Mitte in Pfeilrichtung.

(3) Schreibe die große 8 mehrmals nach.

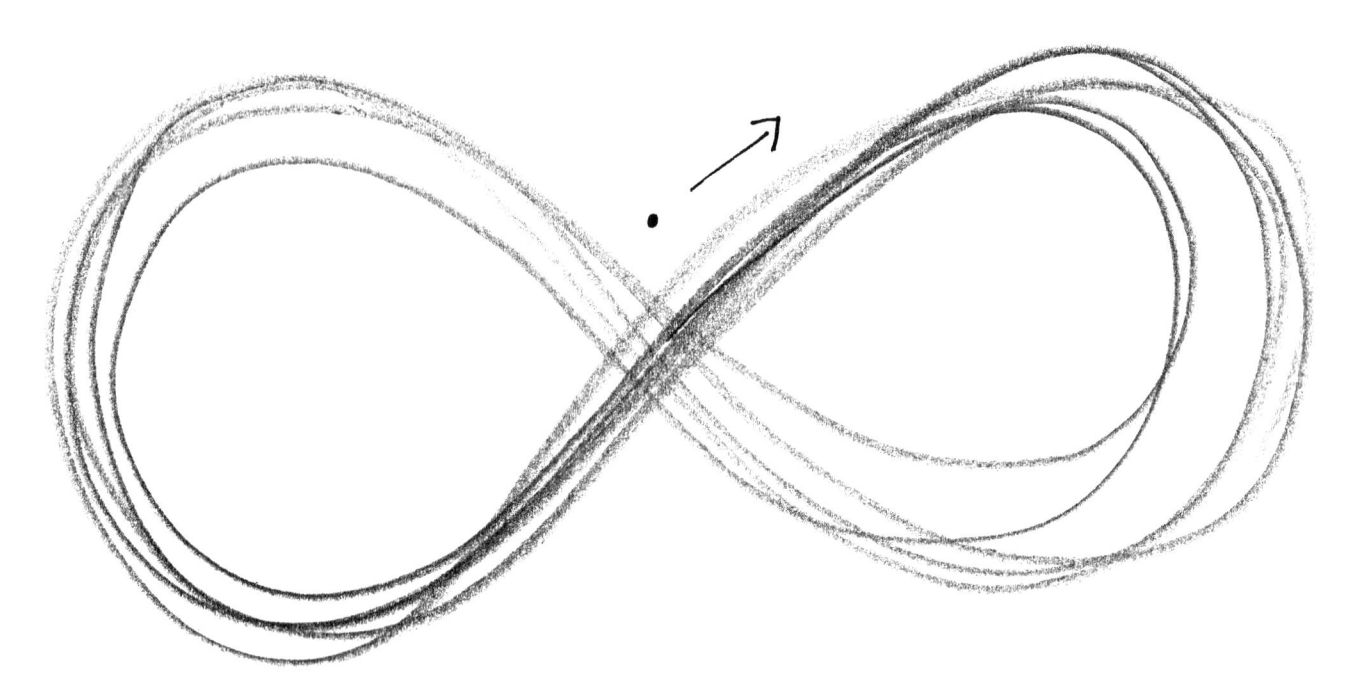

Station 9 — Die Zahl 9 – Schlangenzahlen

So wird's gemacht:

1. Nimm dir ein Blatt mit der Schlange. Male die Schlange bunt aus.

2. Jetzt schneide sie ordentlich aus.

3. Nun klebe deine Schlange zu den anderen Schlangen auf das Plakat.

| Station 9 | Die Zahl 9 – Schlangenzahlen |

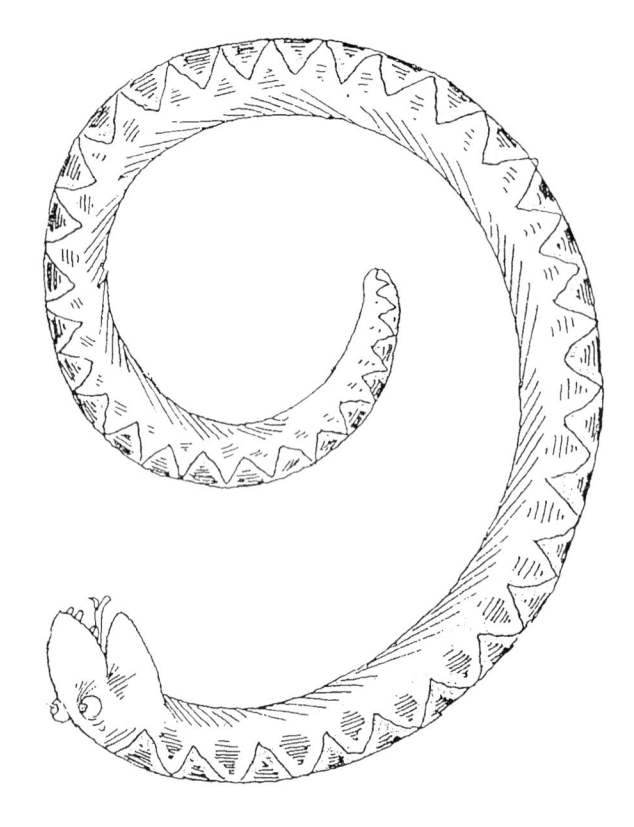

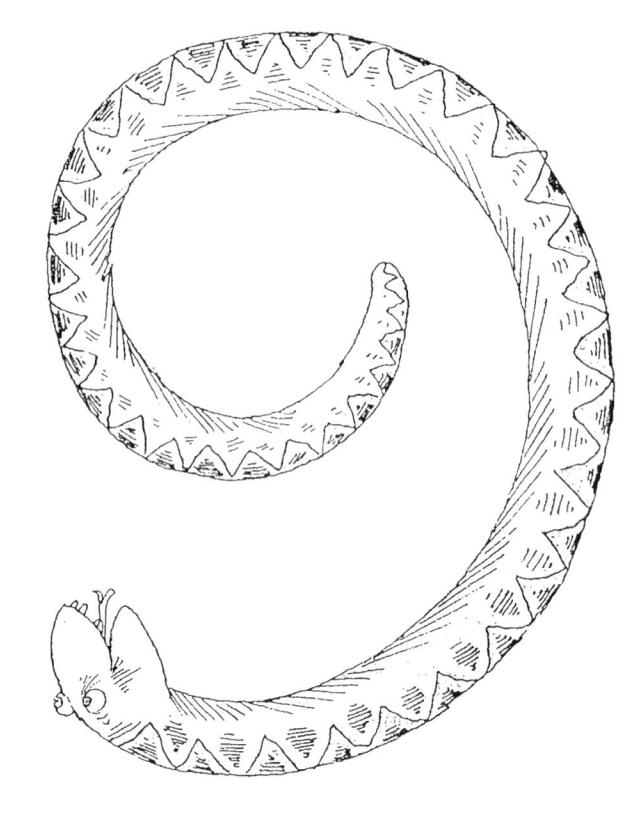

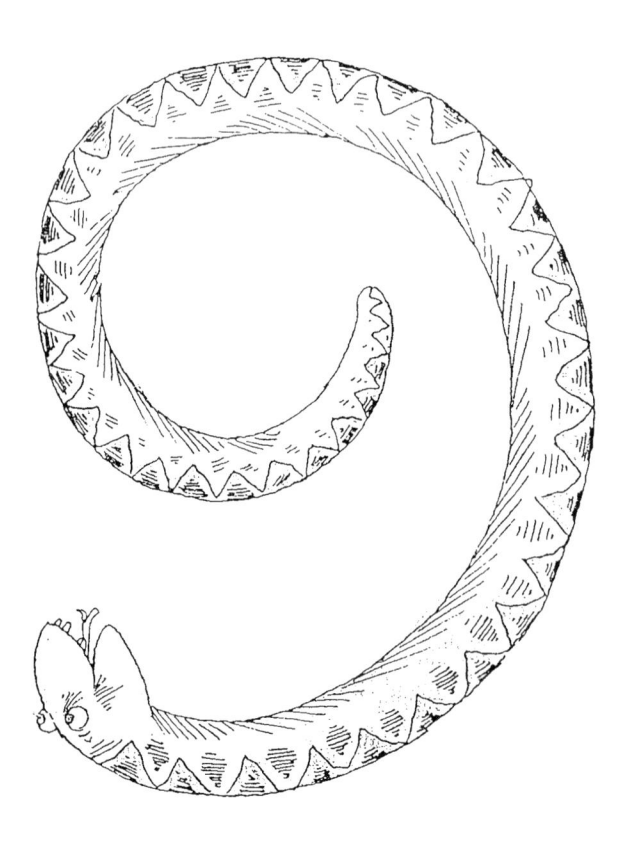

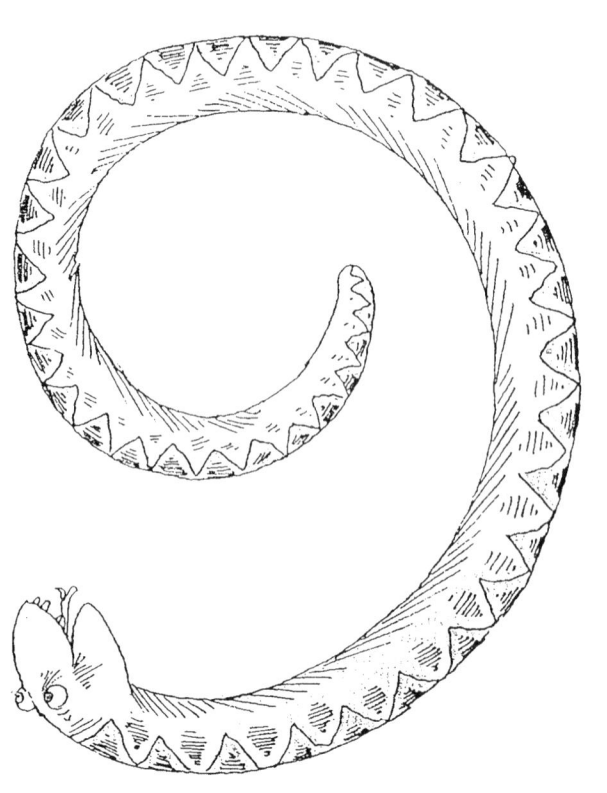

Station 10 Die Zahl 10 – Zehn kleine Zappelfinger

So wird's gemacht:

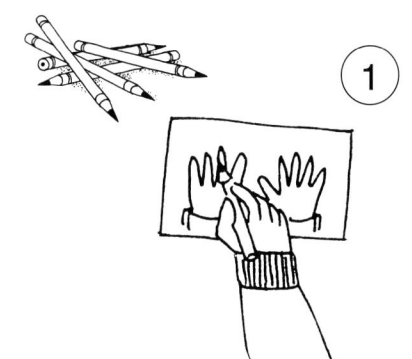

① Nimm dir ein Blatt mit den Zappelfingern.
Male die Finger bunt aus.

② Jetzt schneide sie ordentlich aus.

③ Nun klebe deine Zappelfinger zu den anderen auf das Plakat.

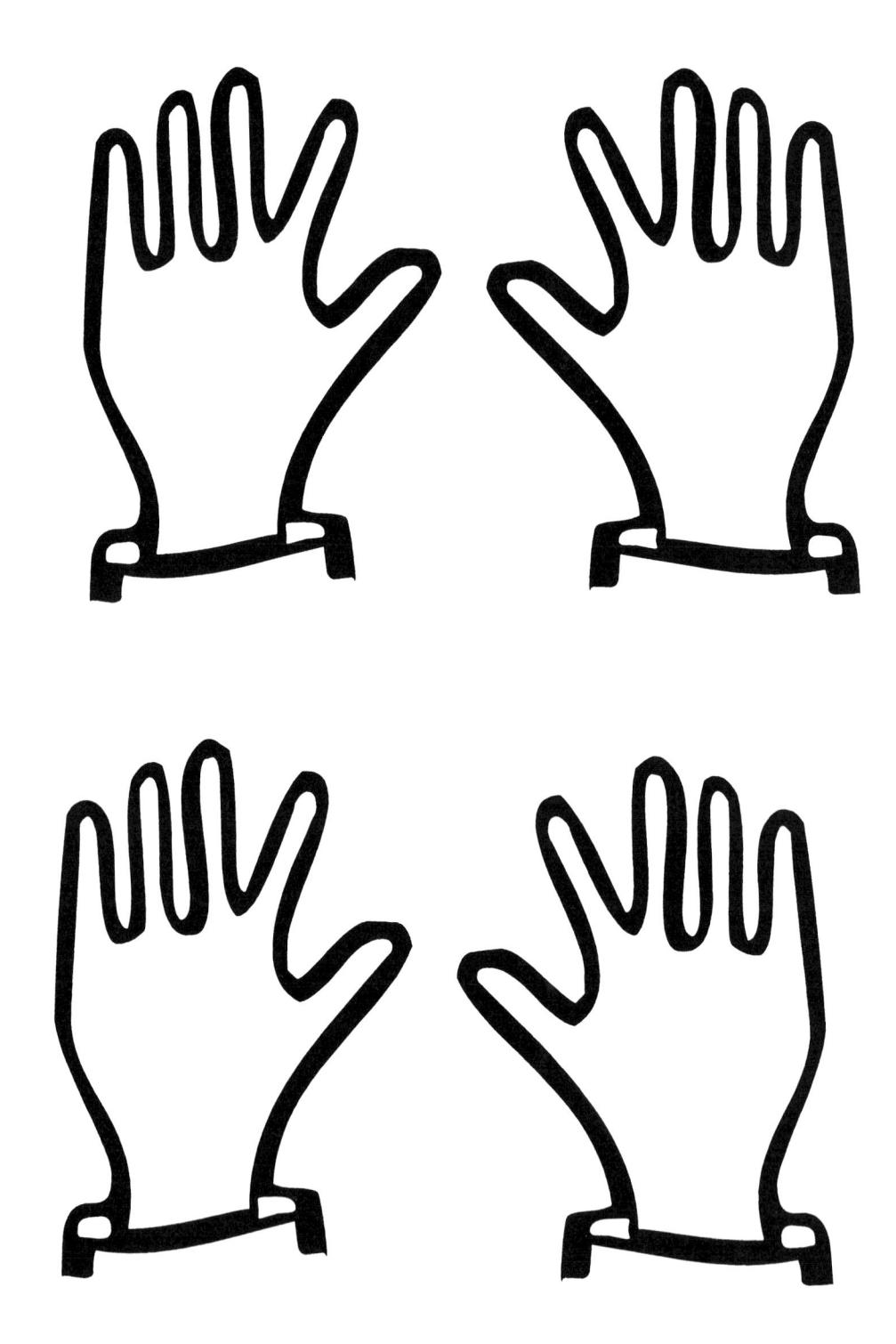

Station 10   Die Zahl 10 – Zehn kleine Zappelfinger

Laufzettel

für _____

PFLICHTSTATIONEN

Stationsnummer	Erledigt am	Kontrolliert am
Nummer _____		
Nummer _____		
Nummer _____		
Nummer _____		
Nummer _____		
Nummer _____		
Nummer _____		

WAHLSTATIONEN

Stationsnummer	Erledigt am	Kontrolliert am
Nummer _____		
Nummer _____		
Nummer _____		
Nummer _____		

Abbildungen

Abb. 1: Max Ernst, „Faszinierende Zypresse", 1940
© VG Bild-Kunst, Bonn 2009

Abb. 2: Murmelbild

Abb. 3: Décalcomanie

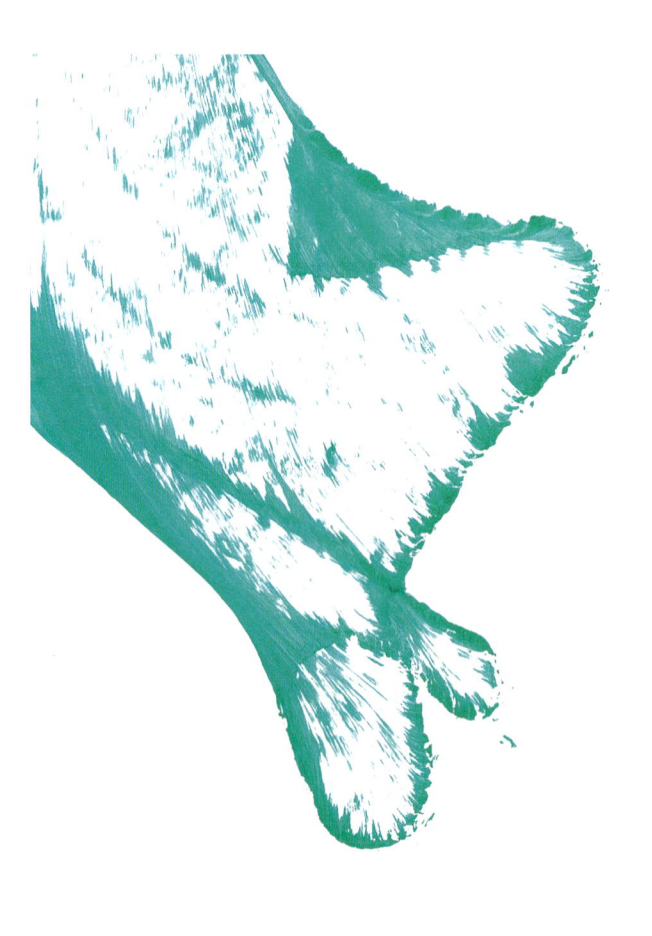

Abb. 4: Fadenbild

Abb. 5: Pustebild

Abb. 6: Punktebild

Abb. 7: Nass-in-Nass-Malerei

Abb. 8: Experimentieren mit Klebstoff und Tinte

Abb. 9: Frottage oder „Rubbeltechnik"

Abb. 10: Blumen-Kratzbild

Abb. 11: Wachsradieren

Abb. 12: Gewürzblumen

Abb. 13: Briefbeschwerer

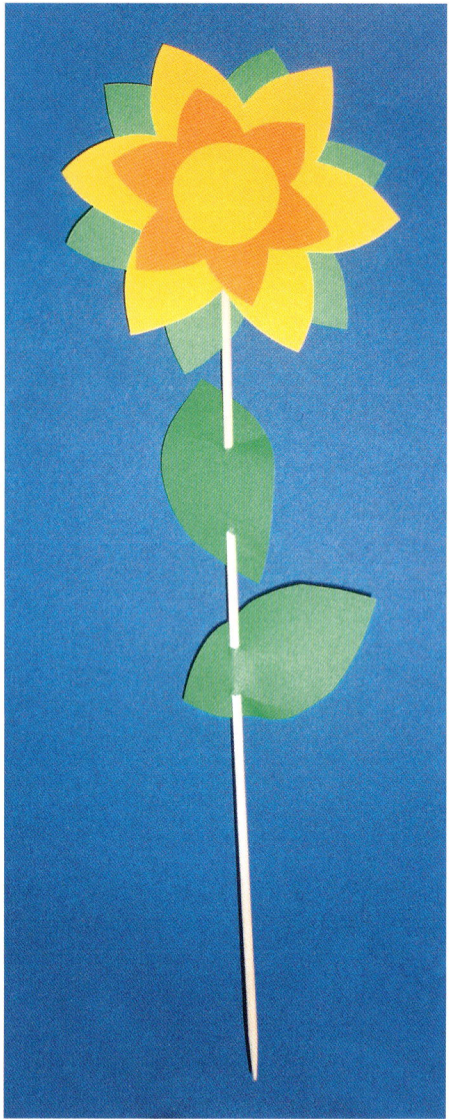

Abb. 14: Blumentopfstecker

Abb. 15: Anstecknadeln

80

Abb. 16: Yves Klein, „RE 19", 1958
© VG Bild-Kunst, Bonn 2009

Abb. 17: Ich erfinde mein eigenes Blau

Abb. 18: Blaues Kratzbild

Abb. 19: Viele Felder – viel Blau

Abb. 20: Wir kleben Schwämme auf

Abb. 21: Schneckenhauscollage

Abb. 22: Hundertwasser-Bild

Abb. 23: Schnecke aus Strukturpaste (1)

Abb. 24: Schnecke aus Strukturpaste (2)

Abb. 25: Papierschnecke

Abb. 26: Goldfisch

Abb. 27: Kartoffeldruck

85

Abb. 28: Fingerdruck

Abb. 29: Moosgummistempeldruck

Abb. 30: Pappkantendruck

86

Abb. 31: Die Zahl 1

Abb. 32: Die Zahl 2 – Sockenpaare

Abb. 33: Die Zahl 3 – Mein Hut, der hat drei Ecken

Abb. 34: Die Zahl 4 – ein Kleeblatt falten

Abb. 35: Die Zahl 5 – Handabdrücke

Abb. 36: Die Zahl 6 – Fadenzahlen

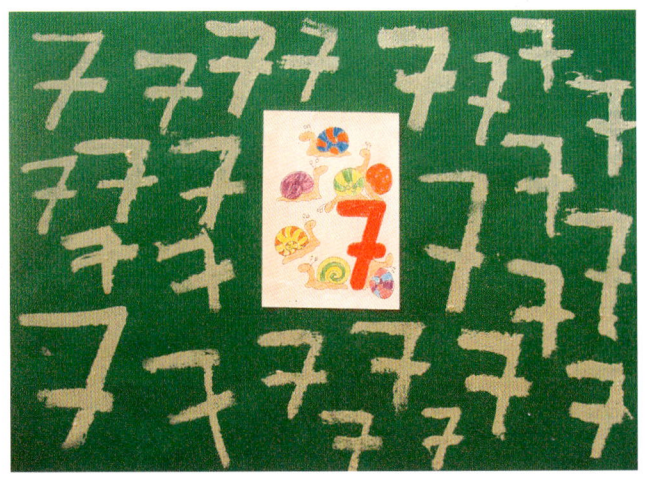

Abb. 37: Die Zahl 7 – Sandzahlen

Abb. 38: Die Zahl 8 – liegende Acht

Abb. 39: Die Zahl 9 – Schlangenzahlen

Abb. 40: Die Zahl 10 – Zehn kleine Zappelfinger